GESTIÓN
DE CONOCIMIENTO,
TECNOLOGÍA
E INNOVACIÓN

GESTIÓN DE CONOCIMIENTO, TECNOLOGÍA E INNOVACIÓN

"El gran reto para el desarrollo"

Oliver García Ramírez

Gloria Zúñiga Chávez

librerío

Primera edición, octubre del 2023.
ISBN: 9798865617372

¡A mi familia!

AGRADECIMIENTOS

A Gloria, por ser mi compañera,
consejera e inspiración.

A Juli y Andrea, por darle sentido a mi vida.

A mi madre Julia, por su respaldo
y cariño incondicional.

A mi padre Bernabé (+),
por sus enseñanzas y ejemplo.

A mis Hermanos, Primos, Familiares y Amigos,
por todas sus muestras de cariño
y motivación constante.

A mis maestros y estudiantes por sus enseñanzas
e impulsarme a pensar intensa y críticamente.

Oliver
García Ramírez

Para el mejor compañero que la vida me reservó
para formar una familia tan poco común y llena de amor.
Oliver, ¡Te amo más allá de los planetas!

AGRADECIMIENTOS

A Oliver, por el gran amor y paciencia que siempre
ha demostrado en todo momento.

A mis hijas, Julieta y Andrea que me han permitido sentir
el amor y el arte que fluye en sus almas,
por ser tan perfectas para mí.

A mis hermanos, sus compañeras(os) y descendencia
que tanto quiero y por ser los mejores representantes
de mis queridos padres (+).

A los ángeles disfrazados de familia de sangre y política,
amigos, compañeros, maestros, alumnos y exalumnos
por estar en las buenas y en las malas.

Gloria
Zúñiga Chávez

TABLA DE CONTENIDO

ILUSTRACIONES

TABLAS

INTRODUCCIÓN

En el contexto actual de la economía globalizada y basada en el conocimiento, la gestión efectiva de la tecnología, la innovación y el conocimiento se ha convertido en un factor determinante para el desarrollo sostenible y la competitividad de los países. En el caso de México y toda Latinoamérica, una región rica en recursos naturales y talento humano, es fundamental reconocer y potenciar la importancia de la gestión del conocimiento, la tecnología y la innovación como pilares fundamentales para el progreso y la transformación social. En este libro se explora la relevancia de la gestión de estos elementos y cómo su adecuada implementación puede impulsar el crecimiento económico, la equidad social y el desarrollo sostenible.

En el **Capítulo I** se hace una reseña de los conceptos más importantes relacionados con la gestión de conocimiento, tecnología e innovación; se describen los tipos de innovación y las características de las empresas innovadoras; se hace un análisis de los tipos de conocimiento, de los principales modelos de gestión de conocimiento y las características de un Sistema de Gestión de Conocimiento; y se describen las características de la economía y las sociedades del conocimiento, los retos que enfrentan y algunos ejemplos de ciudades de conocimiento.

En el **Capítulo II** se analizan los principales modelos para la generación de innovación, algunas de las principales herramientas de apoyo para el desarrollo de innovaciones y los procesos para su protección.

Y en el **Capítulo III** se describen algunos procesos de transferencia tecnológica, las principales megatendencias y estructuras tecnológicas; la importancia de las vocaciones productivas regionales y los clústers; así como el proceso de análisis de tendencias.

En la era actual, caracterizada por avances tecnológicos y científicos vertiginosos, el papel de la ciencia, el desarrollo tecnológico y la innovación se ha vuelto crucial para el progreso y la competitividad de los países. En el caso de México como el resto de países de Latinoamérica, es imperativo abordar los desafíos en estas áreas para impulsar el crecimiento económico, mejorar la calidad de vida de su población y posicionarse en el escenario internacional.

CAPÍTULO I.

INNOVACIÓN Y GESTIÓN DE CONOCIMIENTO

De acuerdo al CONACYT (2019), está demostrado que existe una relación positiva entre la generación y explotación del conocimiento y el desarrollo económico de los países, por lo que, en México, como en muchas otras naciones, existe un gran interés por desarrollar una mejor capacidad de innovar, es decir, de *"generar nuevos productos, diseños, procesos, servicios, métodos u organizaciones o de incrementar valor a los existentes"*. Y con ello lograr ventajas competitivas en la economía, que le permita alcanzar un crecimiento económico sustentable.

El objetivo del presente capítulo es analizar los conceptos básicos relacionados con la Innovación y la Gestión de Conocimiento, sus procesos y su importancia para la competitividad de las organizaciones.

1.1 CONCEPTOS BÁSICOS.

Para comenzar a adentrarse en la innovación y la gestión de conocimiento, es necesario comprender algunos conceptos básicos relacionados, los cuáles analizaremos a continuación.

Investigación. Actividad orientada a la obtención de nuevos conocimientos y su aplicación para la solución de problemas o interrogantes de carácter científico.

Investigación científica. Es un proceso ordenado y sistemático de indagación en el cual, mediante la aplicación rigurosa de métodos y criterios, se persigue el estudio, análisis o indagación en torno a un asunto o tema, con el objetivo subsecuente de aumentar, ampliar o desarrollar el conocimiento que se tiene sobre un fenómeno.

Investigación básica o pura. Tiene como objetivo la obtención y recopilación de información para ir construyendo una base de conocimiento que se va agregando a la información previa existente sobre un área o fenómeno. No busca la aplicación práctica de sus descubrimientos, sino el aumento del conocimiento para responder a preguntas o para que esos conocimientos puedan ser aplicados a otras investigaciones.

Investigación aplicada. Tiene como objetivo resolver un determinado problema o planteamiento específico, se centra en la resolución de problemas en un contexto determinado, es decir, busca la aplicación o utilización de conocimientos, desde una o varias áreas especializadas, con el propósito de implementarlos de forma práctica para satisfacer necesidades concretas, proporcionando una solución a problemas del sector social o productivo.

Desarrollo tecnológico. Uso sistemático del conocimiento y la investigación dirigidos hacia la producción de materiales, dispositivos, sistemas o métodos incluyendo el diseño, desarrollo, mejora de prototipos, procesos, productos, servicios o modelos organizativos.

Innovación. Introducción de nuevos productos y servicios, nuevos procesos, nuevas fuentes de abastecimiento y cambios en la organización industrial, de manera continua, y orientados al cliente, consumidor o usuario (J.A. Schumpeter).

La innovación es el elemento clave para la competitividad. Porter (1990), afirmó que "la competitividad de una nación depende de la capacidad de su industria para innovar y mejorar. La empresa consigue ventajas competitivas mediante innovaciones".

Innovación tecnológica. Mejora o novedad en las características del desempeño de los productos o servicios, y su aplicabilidad en la práctica dependerá del grado en que dichas características y su grado de novedad sean un factor importante en las ventas de una empresa o industria concerniente (Manual de Oslo).

Sociedad del Conocimiento. Es la sociedad que considera el conocimiento como activo fundamental para el progreso y que centra sus esfuerzos en facilitar que todas las personas puedan potenciarlo, difundirlo e intercambiarlo. El objetivo es encauzar este conocimiento hacia fines positivos que permitan el desarrollo de una sociedad avanzada, racional, equitativa y comprometida con el bienestar de las personas y con el cuidado del entorno natural. Promueve la difusión de todas aquellas actividades que favorezcan la identificación, asimilación, organización, transferencia y salvaguarda de conocimientos (Sociedad del Conocimiento, 2015).

Economía del Conocimiento. Una economía basada en el conocimiento es aquella que invierte en capital humano y capital social. En otras palabras, es la economía que fomenta la habilidad de inventar e innovar con el fin de generar nuevos conocimientos y promover ideas que se conviertan en productos, procesos y organizaciones capaces de impulsar el desarrollo para, así, crear bienestar y resolver dificultades económicas en la sociedad.

Gestión del Conocimiento. Es el proceso de captura, distribución y uso efectivo del conocimiento dentro de una organización (Davenport, The Coming soon: CKO, 1994). Es el esfuerzo que hace una organización para adquirir, aumentar, organizar, distribuir y compartir el conocimiento entre todos los empleados. Se trata por lo tanto de todas aquellas actividades orientadas a potenciar el conocimiento de las personas de la organización y de la organización en sí misma.

Industria 4.0 o cuarta Revolución Industrial. La industria está en medio de una transformación digital acelerada exponencialmente por tecnologías en pleno crecimiento, como la sensórica (concepto que hace referencia a diferentes tipos de conceptos análogos y digitales), la robótica (automatizará aún más los procesos), los drones (transformarán la logística), la impresión 3D (en lugar de comprar productos, compraremos planos y los fabricaremos nosotros, cuando queramos y en la cantidad deseada), el internet de las cosas (todo estará conectado), el Big Data (organizaremos esa gran cantidad de información) y la realidad aumentada (realizaremos el mantenimiento de los activos gracias al examen a través de un dispositivo tecnológico) (GEINFOR, S.F.).

1.2 INNOVACIÓN TECNOLÓGICA.

La innovación tecnológica es la transformación de una idea en un producto o servicio vendible, nuevo o mejorado; a través de un proceso operativo en la industria o el comercio, o en una nueva metodología para la organización o gestión.

Dicho proceso contempla todas las etapas científicas, técnicas, comerciales y financieras, necesarias para el desarrollo y comercialización exitosa del nuevo o mejorado producto, servicio o proceso administrativo. Al acto por el cual se introduce por primera vez un cambio tecnológico en un organismo o empresa se le conoce comúnmente como innovación.

La innovación se traduce en alguno de los siguientes hechos:

- Renovación y ampliación de la gama de productos y/o servicios
- Renovación y ampliación de los procesos productivos
- Cambios en la organización y en la gestión
- Cambios en las competencias del personal operativo o administrativo

Características de la innovación:

- La innovación no está restringida a la creación de nuevos productos
- La innovación no está restringida a desarrollos tecnológicos
- La innovación no está restringida a ideas revolucionarias

"La competitividad de una nación depende de la capacidad de su industria para innovar y mejorar. La empresa consigue ventaja competitiva mediante innovaciones" (Porter, 1990).

19

1.2.1 Tipos de Innovaciones.

De acuerdo a Escobar (2000), las innovaciones se pueden clasificar de acuerdo a su impacto en:

- Básicas o radicales (disruptivas)
- Incrementales (progresivas)
- Cambios en los sistemas tecnológicos
- Cambios en los paradigmas tecnológicos

Innovaciones radicales o disruptivas: Son aquellas que abren nuevos mercados, nuevas industrias o nuevos campos de actividad en la esfera cultural, en la administración pública o en los servicios.

Innovaciones incrementales: son aquellas que tienen como resultado cambios en tecnologías ya existentes para mejorarlas, pero sin alterar sus características fundamentales. Ocurren con frecuencia en las actividades de producción y corresponden a mejoras en los procesos productivos existentes, las cuáles son atribuibles generalmente al personal encargado de la producción y no tanto a una actividad deliberada de Investigación + Desarrollo (I+D). Son el resultado de "Aprender haciendo" y "Aprender usando".

Cambios en los sistemas tecnológicos: son combinaciones de innovaciones radicales e incrementales, que unidas a innovaciones en actividades administrativas o gerenciales, provocan efectos en diferentes esferas de la producción o permiten el surgimiento de otras; por ejemplo: la producción de nuevos materiales sintéticos o productos que integren a otros como el teléfono celular que integró a la cámara fotográfica.

Cambios en los paradigmas tecnológicos: son los que han promovido las revoluciones industriales y corresponden a tecnologías o cambios en los sistemas tecnológicos, cuyo amplio espectro de aplicación afecta las condiciones de producción de todos los sectores de la economía, como han sido los casos de la máquina de vapor y la microelectrónica.

1.2.2 Cultura de la Innovación.

"Actualmente la innovación es considerada como uno de los factores básicos de desarrollo en los países avanzados. La innovación no consiste únicamente en la incorporación de tecnología, sino que ha de ir más allá, debe ayudar a prever las necesidades de los mercados y a detectar los nuevos productos, procesos y servicios de mayor calidad, generando nuevas prestaciones con el menor costo posible. La innovación hace necesaria la reacción ante los cambios que impone el mercado globalizado".

Gustavo Villapalos Salas
Consejero de Educación de Madrid

Una de las cuestiones en las que más énfasis se está haciendo en los países industrializados es el hecho de la creación de un ambiente o escenario propicio para la innovación y el promover en la sociedad una verdadera cultura de la Innovación es tan importante como la innovación en sí misma.

En el Plan para la Innovación en Europa se hace mención que *"Innovar exige en primer lugar una disposición de espíritu por la que se asocia creatividad, voluntad de emprender, gusto por el riesgo y aceptación de la movilidad social, geográfica o profesional".* Es por ello que el entorno juega un papel fundamental en el fomento y apoyo a las actividades innovadoras.

De acuerdo a un estudio de la Comisión Europea (1995), una de las cuestiones que siempre se plantean a la hora de evaluar la capacidad innovadora de Europa frente a Estados Unidos y Japón es la comparativamente escasa capacidad europea de transformar los avances científicos y tecnológicos en éxitos industriales y comerciales, sobre todo si se compara con Estados Unidos, quienes son líderes en transformar los conocimientos científicos en procesos y productos comercializables. Esta cuestión se conoce como la "Paradoja Europea" y quiere reflejar el hecho de que a pesar de que los resultados científicos de la Unión Europea son excelentes si se comparan con sus competidores, los logros tecnológicos, industriales y comerciales en los sectores punteros (como la electrónica o las tecnologías de la información) no están a la misma altura.

La Comisión Europea puso en marcha el Primer Plan de Acción para la Innovación en 1996 y presentó un comunicado ante el Consejo y el Parlamento Europeo en Septiembre del año 2000, en el que se establecieron directrices generales para aumentar el nivel de Innovación en la Unión, donde se considera:

- Obtener el máximo beneficio en cuanto a Innovación de la investigación nacional y comunitaria.
- Establecer un entorno favorable para la creación y desarrollo de empresas innovadoras.

Estas prioridades reflejan la importancia que ha tomado la innovación y su implicación en todos los ámbitos de las políticas europeas (económico, social, empleo, ciencia y tecnología, etc.).

En la Tabla 1 se enlistan los principales factores que explican los éxitos de Estados Unidos y Japón para transformar la Investigación y Desarrollo Tecnológico en Innovación

Tabla 1 Factores que explican los éxitos de Estados Unidos y Japón para transformar la I+DT en Innovación.

ESTADOS UNIDOS	JAPÓN
Un esfuerzo de investigación más importante	Ídem.
Una proporción más fuerte de ingenieros y científicos en la población activa	Ídem.
Unos esfuerzos de investigación mejor coordinados, especialmente en lo que concierne a la investigación civil y de defensa (particularmente en los sectores aeronáutico, electrónico y espacial)	Una gran capacidad de adaptar la información tecnológica independiente de su fuente. Una gran tradición de cooperación entre empresas en materia de I+D.
Una estrecha relación Universidad – Industria que permite la aparición de numerosas empresas de alta tecnología.	Una cooperación Universidad / empresa en fuerte progresión, destacando principalmente a investigadores industriales en las universidades.
Capital riesgo más desarrollado y que invierte en la alta tecnología. Un mercado bursátil para PYMES dinámicas, el NASDAQ.	Una tradición cultural favorable al riesgo y al espíritu de empresa y una fuerte aceptación social a la innovación.
Una tradición cultural favorable al riesgo y al	Una cultura favorable a la aplicación de las técnicas

espíritu de empresa, así como una fuerte aceptación social de la innovación.	y a la mejora permanente.
Menos coste de registro de las patentes, sistema de protección jurídica unificado y favorable a la explotación comercial de las innovaciones.	Práctica normal de estrategias concertadas entre empresas, universidades y poderes públicos.
Plazos de creación de empresas y formalidades administrativas reducidas.	Fuerte movilidad del personal en las empresas.

Fuente: Libro Verde de la Innovación (Comisión Europea, 1995).

México es un país creativo, donde se reconoce la importancia de la innovación para el futuro de las empresas, sin embargo "es bueno en hacer más de lo mismo", y no en lanzar nuevas ideas que impulsen la transformación de una industria o el cambio de paradigmas. En México hay una convivencia de lo sofisticado con lo tradicional, en donde los directivos reconocen la importancia de la innovación, pero apuestan por aquellas transformaciones menores, en lugar de aquellas que modifican los modelos de negocio y los mercados. Los ejecutivos mexicanos están satisfechos con la innovación incremental, aquella que significa una modificación menor, pero no con la disruptiva. *"México por ejemplo, en su manufactura está satisfecho, pero no con la innovación que cambia paradigmas, modelos de negocio y mercados"* (Zúñiga, 2017).

En México dos terceras partes de las innovaciones son incrementales, aquellas que crean valor a un producto o servicio que ya existe añadiéndole nuevas mejoras, y no disruptivas, dado que el país es base de muchas empresas internacionales que centralizan sus procesos de transformaciones de fondo en otros lugares del mundo, y dejan para sus equipos mexicanos las modificaciones menores.

Derivado de lo anterior se hace necesario el fortalecimiento de la cultura de la innovación en nuestro país. En este sentido Luis Ramos, Director de PA Consulting para América Latina citado por Zúñiga (2017), sugiere las siguientes líneas de trabajo:

1. **Enfocarse en el futuro:** Es decir, entender hacia dónde van tus clientes.

2. **Diseñar la innovación de acuerdo a tu empresa:** Medir el valor de la innovación y llevar nuevos productos y servicios al mercado más rápido.

3. **Impulsar desde adentro una cultura de innovación:** Además de recompensar tanto éxitos como fracasos, también se deben eliminar los malos proyectos a tiempo.

4. **Construir un ecosistema de innovación:** Las empresas exitosas en este sentido no trabajan solas, buscan a terceros, por eso más del 60% se apoya en firmas externas, capaces de flexibilizar sus procesos internos, además de contar con ejecutivos y equipos de liderazgo con diversas habilidades y antecedentes profesionales.

De acuerdo al Laboratorio de Políticas Públicas Ethos, citado por Muciño (2014), en el sector público, México invierte el 0.46% de su PIB en ciencia y tecnología, mientras que Argentina destina 0.62 %, Brasil 1.16 %, China el 1.84 % y en Finlandia 3.78 %. Y en el sector privado las cosas no son tan diferentes. Las empresas del país invierten sólo el 39 % de sus inversiones en innovación, por debajo del promedio en los países miembros de la Organización para la Cooperación y Desarrollo Económicos (OCDE). Sudáfrica, por ejemplo, destina 53 %.

El Laboratorio de Políticas Públicas Ethos sugiere los siguientes pasos para fortalecer la Innovación en México.

1. **Fortalecer la política de innovación.** Crear una agencia especializada en innovación y elevar la importancia de la ciencia y tecnología para que tenga una secretaría de Estado.

2. **Acercar a los investigadores y sector privado.** El Consejo Nacional de Ciencia y Tecnología (CONACYT) podría, a través de las Asociaciones Público Privadas (APP), promover una mayor colaboración entre sector público y privado.

3. **Usar Asociaciones con capital Público y Privado (APP) para proyectos con mayor riesgo.** El CONACYT y las empresas deberían utilizar este mecanismo como sustituto para proyectos de largo plazo, aumentando así el compromiso de las empresas y aumentar las probabilidades de éxito.

4. **Más inversión pública.** Es muy importante que el CONACYT y los Estados destinen mayores recursos para actividades y proyectos de Investigación, Desarrollo Tecnológico e Innovación.

5. **Usar APPs con fines de innovación.** Este mecanismo puede ser ideal para crear centros de investigación orientados a la industria, constitución de empresas con base tecnológica y formación de recursos especializados.

Para Ethos, la figura de Asociaciones Público Privadas (APP), en las que el sector público y privado invierten y comparten el riesgo, es ideal para crear centros de investigación, avances tecnológicos, desarrollo de proveedores, aumento de los procesos de innovación y financiación de proyectos de desarrollo tecnológico.

Guadalajara, el Silicon Valley Mexicano

Un ejemplo que demuestra la importancia y los beneficios de promover una cultura de la innovación es Guadalajara, que actualmente se considera como el **Silicon Valley Mexicano.**

Guadalajara es la cuna del mariachi y el tequila, es una ciudad de contrastes donde se mezclan la arquitectura colonial, los edificios más modernos, su folclore, sus artesanías, sus tradiciones religiosas y su variada gastronomía. Actualmente es considerada como la capital de las Tecnologías de Información, sus comienzos en la tecnología se remontan a la década de 1980. IBM fue la primera empresa en abrir camino en Jalisco cuando logró un acuerdo con el gobierno para vender sus computadoras en México (en ese momento no había apertura comercial) a cambio de abrir una planta. Luego llegaron otras multinacionales como Intel, HP y la china Fosconn, que manufactura los iPhones y la mayoría de los gadgets de Samsung (Connect Américas, 2016).

Una clave fue la incorporación de las Universidades de Guadalajara a este Clúster, así como la inclusión de líneas de negocio como manufactura y electrónica, electrónica automotriz, aeroespacial, multimedia y animación, desarrollo de software, y Tecnologías de Información (TI).

Al inicio, Guadalajara creció como centro de manufactura de productos tecnológicos, pero con el tiempo logró posicionarse en innovación por sus centros de desarrollo de alto nivel. HP invirtió en datos, Intel en diseño e investigación y Lenovo abrió una planta en Zapopan (municipio conurbado a Guadalajara).

Guadalajara se empieza a consolidar como el Silicon Valley Mexicano cuando empieza a alojar a muchos emprendedores de tecnología y start-ups. En 2010, por ejemplo, se instalaron Sean Knapp y los hermanos Bismarck y Belsasar Lepe (ex Google) fundan Ooyala, una empresa de video en línea. En 2012 Guadalajara ganó como sede de "Ciudad Creativa

Digital", un proyecto de ProMéxico (organismo público encargado de promocionar la inversión extranjera) y empresarios tecnológicos.

Lo que ha hecho que Guadalajara destaque, han sido sus redes de empresarios innovadores. Las reuniones organizadas por muchos grupos de forma regular, encaminan las ideas innovadoras en contacto con posibles inversores. Además, la ciudad de Guadalajara está creando un espacio denominado Ciudad Creativa Digital, diseñado como un centro de desarrollo de los medios digitales y Jalisco es el primer estado de México en tener un ministerio de la innovación. En Guadalajara, desde el año 2014 se han invertido más de 120 millones de dólares en más de 300 empresas de nueva creación, muchos de esos millones son procedentes de capital de riesgo en los Estados Unidos. Con varias miles de empresas de nueva creación y los gigantes de primer orden también, Jalisco exporta anualmente 21 mil millones en productos y servicios de alta tecnología, según el Ministerio de la Innovación del Estado (Mercado, 2016)

1.2.3 Características de las Empresas Innovadoras.

En la actualidad para que una empresa alcance el éxito debe llevar a cabo de manera periódica innovaciones tecnológicas que le permitan adaptarse e los nuevos tiempos y a las necesidades que van surgiendo en la sociedad. Es por ello que toda empresa que desee implementar la innovación debe incluir tres aspectos fundamentales: eficiencia, competitividad y calidad.

Una empresa innovadora debe ser capaz de crear o renovar sus productos y/o servicios, e incluso las técnicas y procesos de producción que utiliza. De igual forma, también se pueden realizar cambios en la organización y en los diferentes procesos administrativos y de trabajo.

De acuerdo a la Sociedad de la Innovación de España (SDIT), existen tres estrategias muy importantes para fomentar la creatividad:

- **Moldear ideas:** las ideas hay que modificarlas, cambiarlas y adaptarlas.

- **Romper ideas:** es indispensable trocear las ideas, romperlas en pedazos, para centrarnos en alguna parte de la idea que nos gusta para, a partir de ahí, llevarla a otro destino. Por ejemplo: toda la industria de las aerolíneas de bajo costo (low-cost) se ha creado con base a la estrategia de romper las propuestas de valor que ofrecen en sus vuelos, y crear distintos niveles de servicio para cada tipo de cliente.

- **Mezclar ideas:** es necesario combinar ideas de diferentes orígenes, temas, sectores, perfiles… por eso, es tan necesaria la innovación abierta.

La creatividad es romper hábitos a través de la originalidad y la imaginación. Pero todas las ideas vienen, en realidad, de la transformación de ideas e innovaciones precedentes. El efecto "eureka", del nacimiento repentino de una idea, es en este sentido, un mito.

Las innovaciones se pueden inspirar en productos anteriores o antiguos, por ejemplo, el I-pod que se pudo haber inspirado en el radio de bolsillo Braun T3, como se puede apreciar en la Ilustración 1.

Ilustración 1. IPOD y Radio de Bolsillo Braun T3.

Fuente: Infobae (2012).

También se pueden realizar innovaciones inspiradas en culturas o costumbres de diferentes partes del mundo, por ejemplo, el diseñador Christian Louboutin, se inspiró en el arte Huichol para crear las zapatillas que se muestran en la Ilustración 2.

Ilustración 2. Zapatillas con diseño inspirado
en el arte Huichol

Fuente: Mena (2017).

Las innovaciones se pueden inspirar también en la naturaleza, por ejemplo, el Tren Bala Japonés fue inspirado en el pájaro "Martín Pescador" o "Alcedino". Cuando los ingenieros Japoneses decidieron actualizar sus Trenes Bala, el desafío no fue alcanzar altas velocidades, sino disminuir el sonido que estos hacen al desplazarse, ya que cuando entraban en los túneles, el aire creaba un sonido conocido como "tunnel boom" por la irrupción de altas velocidades en el aire. El choque del aire causó incluso daños estructurales. Fue por ello que los ingenieros decidieron inspirarse en este pájaro, quien se puede clavar en el agua perfectamente sin chapotear mucho el agua, gracias a su pico. Los beneficios extra al incorporarle una "nariz" al tren, fue que estos pudieron andar 10% más rápido y consumir incluso 15% menos de energía (ver Ilustración 3).

Ilustración 3. El Tren Bala de Japón, cuyo diseño fue inspirado en el pájaro conocido como "Martín Pescador" o "Alcedino".

Fuente: pexel.com

La Sociedad de la Innovación de España (SDIT, 2018), menciona que las empresas innovadoras fomentan y mantienen una cultura de cambio continuo, una cultura de la innovación, mediante las siguientes prácticas:

1. **Experimentan** pensando en futuros no conocidos, a sabiendas que no van a reportar resultados a corto plazo.

2. **Tratan las malas ideas (y a sus ideadores)** como recursos para seguir innovando, no como un fracaso a evitar repetir.

3. **Revitalizan su espacio y sus hábitos internos de forma continua, para mantener la tensión creativa:** espacios, hábitos, sistemas internos... cambian para evitar que las personas entren en una dinámica de status quo que les impida pensar de forma creativa. La innovación en espacios internos es sólo un ejemplo de ello.

4. **Fomentan la agilidad en la gestión:** nunca se conforman con lo que los ha llevado al éxito. A pesar de estar triunfando, se inventan y prueban nuevas formas de triunfar, muchas veces canibalizando su

propio éxito. Mantienen intacta su capacidad de sorprender al cliente. Y en lugar de planificar a un largo plazo que no sabemos si existirá, activan planes de innovación ágil a corto plazo.

La innovación y la creatividad son el resultado de un sistema que funciona como un ente vivo, hay que alimentarlo y no es cuestión de un solo proceso. La creatividad y la innovación no son procesos que se aplican y de repente tienes resultados creativos e innovadores, hay varios factores que interactúan entre sí para activar la creatividad, la innovación y la solución de problemas (INNOCREATIVIDAD, 2016).

Este sistema está compuesto básicamente de 4 grandes pilares fundamentales:

- El entorno y el ambiente
- Las personas
- Los procesos
- Y los resultados

El entorno y el ambiente.- son las condiciones en las que se desarrolla la actividad laboral, cómo se siente la gente y cómo se relaciona con los demás, son las reglas de conducta establecidas tanto explícita como implícitamente. Este conjunto de aspectos puede alimentar o bien limitar el flujo creativo de las personas de una organización.

El entorno se puede considerar desde el punto de vista físico como psicológico.

El *entorno físico* ideal para fomentar la creatividad y resultados innovadores debería estar bien equipado, con mobiliario flexible y distintivo, espacio suficiente, pizarras y espacios para proyecciones, así como espacios para relajarse o tomar alimentos. Un entorno bien diseñado y equipado puede estimular la creatividad y la innovación hasta límites insospechados.

El *entorno psicológico* es fundamental para la creatividad en una organización. El Dr. Goran Ekvall (1987 – 1996), investigador en el área de clima psicológico para la creatividad y el cambio, definió 10 dimensiones psicológicas vinculadas al entorno creativo:

1. *Apoyo a las ideas.* Significa no ridiculizar las ideas de manera sistémica, sino poder llegar a pensar más allá e incluso poder construir sobre las ideas que nos encontremos.

2. *Retos.* Se necesitan establecer retos que motiven al trabajador y a su equipo a poner en marcha su creatividad para solucionar problemas.

3. *Dinamismo / Vitalidad.* Las piedras no dan ideas, es indispensable promover un ambiente dinámico que facilite la creación de ideas y su difusión.

4. *Juego / Humor.* El buen humor y el juego facilitan la creatividad.

5. *Debates.* Es importante tomar en cuenta la opinión y propuestas de los demás, crear debates sobre problemas y escenarios, nos lleva a más y mejores propuestas.

6. *Asumir riesgos.* Debemos de estar dispuestos a correr riesgos si queremos obtener mejores resultados e incrementar las utilidades, no todo se soluciona con reducir sueldos y costos o disminuyendo la calidad, son salidas muy simples que podrán resolver un problema de manera momentánea, pero no llevarán a la empresa a crecer e innovar.

7. *Confianza / Apertura.* Se debe crear un buen ambiente laboral que genere la confianza para que la gente opine y haga propuestas.

8. *Libertad.* Dar la libertad al trabajador para que pueda crear sus propios mecanismos y dinámicas para realizar sus tareas, seguramente podrá llevar a nuevos

procedimientos que disminuyan tiempos y mejoren la calidad.

9. *Tiempo para ideas*. Si queremos crear un clima donde florezcan las ideas, ha de haber un espacio para crearlas, tiempo para poder salir de las tareas cotidianas que secuestran el cuerpo y la mente, para poder buscar en la cabeza nuevas ideas para mejorar.

10. *Conflictos*. Los conflictos provocan el debate y motivan las ideas, obligan a buscar soluciones.

Impulsar un ambiente ideal para sostener un entorno creativo e innovador mejora las reuniones y las hace más productivas, los empleados tienen una visión más clara y se sienten más comprometidos al darles oportunidad de participar y exponer sus ideas a través de una comunicación honesta y eficiente.

1.3 GESTIÓN DE CONOCIMIENTO.

La **gestión de conocimiento (GC)** o **knowledge management (KM)** es una nueva cultura empresarial, una manera de gestionar las organizaciones en la que se sitúa al talento humano como el principal activo y sustenta su poder de competitividad en la capacidad de compartir de manera eficiente la información, las experiencias, los conocimientos individuales y colectivos.

De acuerdo a la Asociación Española para la Calidad (AEC), la gestión del conocimiento es el esfuerzo que hace una organización para adquirir, aumentar, organizar, distribuir y compartir el conocimiento entre todos los empleados. Se trata por lo tanto de todas aquellas actividades orientadas a potenciar el conocimiento de las personas de la organización y de la organización en sí misma (AEC, 2019).

Para Davenport y Prusak (2001), todas las organizaciones generan y usan conocimiento. A medida que las organizaciones interactúan con su entorno, absorben información, la convierten en conocimiento y llevan a cabo actividades o toma de decisiones al combinar ese conocimiento con sus propias experiencias, valores y normas internas. Sin conocimiento, una organización no se podría organizar a sí misma.

Por su parte Drucker (2000) menciona que estamos ahora en un tercer periodo de cambios: el giro desde la organización basada en la autoridad y el control, la organización dividida en departamentos y divisiones, hasta la organización basada en la información, la organización de los especialistas del conocimiento.

Nonaka y Takeuchi (1999), aseveran que la creación de conocimiento organizacional es la clave del proceso mediante el cual las organizaciones innovan continuamente, en cantidades cada vez mayores y en espiral, generando con ello ventajas competitivas para la organización.

1.3.1 Análisis del concepto de conocimiento.

Antes de continuar es necesario profundizar un poco más en el concepto de conocimiento, ya que éste es la esencia para la generación de ventajas competitivas en una organización.

En las organizaciones, el conocimiento está presente en los procesos, prácticas, rutinas y normas institucionales (Nelson & Winter, 1982), además de encontrarse en los documentos y en los dispositivos digitales de almacenamiento de información. Mitri (2003) refiere que el conocimiento relevante a las empresas incluye hechos, opiniones, ideas, teorías, principios, modelos, experiencias, valores, información contextual, percepciones de expertos e intuición.

Nonaka y Takeuchi (1995) afirman que *"el conocimiento es un proceso humano dinámico de justificación de la creencia personal en búsqueda de la verdad"* y señalan que:

- Cuando se hace referencia a conocimiento, a diferencia de la información, se trata de creencias y compromisos.
- El conocimiento, a diferencia de la información, es acción.
- El conocimiento, como la información, trata de significado, depende de contextos específicos y es relacional.

Para Devenport y Prusak (2000) el conocimiento deriva de la información, y esta transformación se produce mediante:

- Comparación: ¿En qué se diferencia la información de una situación específica comparada con la de otras situaciones similares?
- Consecuencias: ¿Qué implicaciones proporciona la información para la toma de decisiones y las acciones?
- Conexiones: ¿Cómo se relaciona esta porción del conocimiento con otras?

- Conversación: ¿Qué piensan otras personas acerca de dicha información?

Uno de los puntos clave en la Generación de Conocimiento, es la diferencia entre información y conocimiento. Esta diferencia es tan sutil que regularmente se le confunde, ya que es más sencillo gestionar información que conocimiento. Para Devlin (1999) algunas consideraciones que pueden diferenciar los dos conceptos, son las siguientes:

- La información es "una sustancia", un objeto que existe independientemente de la persona.

- El conocimiento, por el contrario, no es un objeto, sino que requiere un conocedor, por lo que es una actividad intrínsecamente humana.

- El conocimiento es la información que una persona posee de manera utilizable para un propósito.

- El conocimiento, al contrario que la información, contiene creencias, valores y compromisos.

Bajo esta perspectiva, el conocimiento puede entenderse como el proceso que inicia en los datos, continua en la información y termina en el conocimiento, lo que puede apreciarse en la Ilustración 4.

Ilustración 4. Procesamiento de Información.

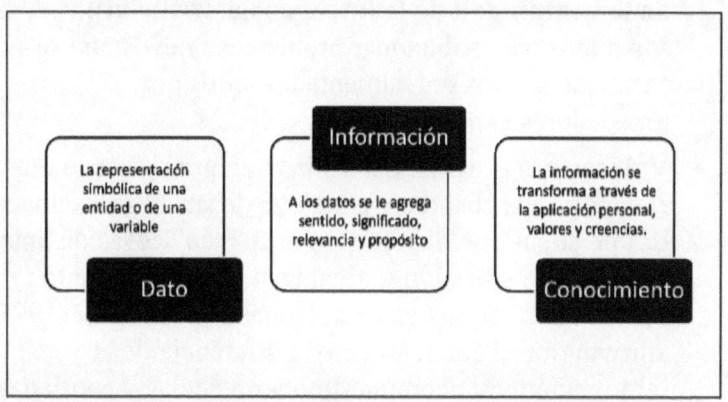

Fuente: elaboración propia a partir de Bender y Fish (2000).

Davenport y Prusak (2000), consideran que los componentes clave del conocimiento son:

- **Experiencia:** el conocimiento que surge de la experiencia reconoce estructuras familiares y permite hacer conexiones entre lo que está sucediendo ahora y lo que ya ha sucedido anteriormente.
- **Verdad práctica:** saber qué es lo que realmente funciona y qué no.
- **Complejidad:** el conocimiento no es una estructura rígida que excluya lo que no encaja. Aunque es tentador buscar respuestas simples a problemas complejos, un conocimiento más profundo conduce a mejores decisiones.
- **Criterio:** con el conocimiento no sólo se evalúan situaciones a la luz de lo que ya se conoce, sino que se evalúa y se refina como respuesta a nuevas situaciones e información. Cuando el criterio deja de evolucionar se convierte en opinión o dogma.

- **Reglas empíricas (o heurística si se usa el lenguaje de la comunidad de la inteligencia artificial):** son atajos para solucionar problemas nuevos que se asemejan a otros previamente resueltos por trabajadores expertos.

- **Valores y creencias:** determinan en gran parte lo que el experto ve, absorbe y concluye de sus observaciones. Las personas con distintos valores "ven" cosas distintas en la misma situación y organizan su conocimiento sobre la base de sus valores. Nonaka y Takeuchi (1995) afirman que el conocimiento, a diferencia de la información, está compuesto por creencias y confianza.

Para Andreu y Sieber (1999) existen tres características fundamentales del conocimiento:

- El conocimiento es personal, es decir, se origina y reside en las personas, quienes lo asimilan como resultado de su propia experiencia y lo incorporan a su acervo personal, conscientes de su significado e implicaciones, articulándolo como un todo organizado que da estructura y significado a sus distintas piezas;

- Su utilización permite entender los fenómenos que las personas perciben (cada una de acuerdo a su propia experiencia), y también evaluarlos;

- Sirve de guía para la acción de las personas, en el sentido de decidir qué hacer en cada momento porque esa acción tendrá por objetivo mejorar las consecuencias, para cada individuo, de los fenómenos percibidos (incluso cambiándolos si es posible).

Estas características permiten considerar al conocimiento como la base para el desarrollo de ventajas competitivas, ya que el conocimiento es el resultado de experiencias difíciles de imitar. En relación a esto, Newell et al. (2004) mencionan que el conocimiento no puede ser desasociado de las creencias y experiencias de las personas que lo poseen. El conocimiento no puede ser transferido simplemente de un emisor a un receptor, ya que debe ser recreado y reconstruido en cada nueva situación, aun cuando la gente esté realizando actividades rutinarias.

De lo anterior se puede concluir que el conocimiento puede ser compartido y construido activamente a través de la interacción entre personas y grupos, pero no puede ser transferido pasivamente. Los datos y la información pueden transferirse directamente, pero su interpretación y aplicación pueden ser muy variadas, ya que involucran el concepto de "conocer".

1.3.2 Tipos de Conocimiento.

Es muy importante considerar los diferentes tipos de conocimiento. Polanyi (1967) clasifica al conocimiento como explícito o codificado e implícito o tácito. Dicha clasificación fue introducida en la literatura sobre Dirección Estratégica por Nelson y Winter (1982), en su obra: "Teoría Evolucionista de la Empresa", donde hicieron referencia a las rutinas organizativas como el material genético de la empresa, de forma explícita en las reglas burocráticas y de manera implícita en la cultura organizacional.

Nonaka y Takeuchi (1995) consideran que la interacción entre el conocimiento tácito y explícito constituye la clave de su Teoría de Creación de Conocimiento, puntualizando la excesiva atención prestada por parte de los empresarios occidentales al conocimiento explícito y marginando, de alguna forma, al conocimiento tácito, considerando a la empresa como una máquina procesadora de información.

Para Nonaka y Takeuchi (1995), el **Conocimiento Explícito** o Codificado es aquel que puede transmitirse utilizando el lenguaje formal y sistemático, es decir, aquel conocimiento que es articulado, codificado y comunicado en forma simbólica y/o a través del lenguaje natural. De acuerdo a Alegre (2004) el Conocimiento Explícito puede ser expresado con palabras y números, puede ser fácilmente comunicado y compartido bajo la forma de datos, fórmulas científicas, procedimientos codificados o principios universales. Para Choo (1998), la dimensión explícita también puede ser clasificada como basada en objetos o basada en reglas:

- Conocimiento basado en objetos: cuando se codifica en palabras, números, fórmulas o hechos tangibles como equipos, documentos o modelos.
- Conocimiento basado en reglas: cuando se codifica como reglas, rutinas o procedimientos operativos estándares.

El **Conocimiento Tácito** es definido por Leonard y Sensiper (1998), como la capacidad de la mente humana para dar sentido a la colección de experiencias vividas y a conectar diferentes elementos desde el pasado al presente y al futuro. Se caracteriza porque no es visible, es muy personal y difícil de formalizar, de comunicar o compartir con otras personas, incluye elementos como puntos de vista subjetivos o las intuiciones. Para Nonaka y Takeuchi (1995) el conocimiento tácito se encuentra arraigado en acciones y experiencias dentro de un contexto específico, se encuentra profundamente enraizado en la experiencia personal, así como en los ideales, valores y emociones de cada persona. Para estos dos autores el conocimiento tácito comprende los elementos cognitivo y técnico:

- Conocimiento cognitivo: se refiere a los modelos mentales arraigados en cada persona, consistentes en esquemas, mapas mentales, creencias, percepciones, paradigmas y puntos de vista.

- Conocimiento técnico: el componente técnico incluye las habilidades y destrezas no formales y difíciles de definir, las cuáles se expresan en el término know-how (saber cómo llevar a cabo una tarea o trabajo).

Para Popadiuk y Choo (2006), el conocimiento tácito ha sido descuidado por la gestión empresarial y es vital entender la importancia del conocimiento tácito y su composición de know how, emociones, percepciones, creencias y valores, para comprender el paisaje de la aplicación del conocimiento en la gestión empresarial.

Sin embargo, para Polanyi (1975), el conocimiento tácito y explícito son mutuamente dependientes: el conocimiento tácito forma el background necesario para desarrollar e interpretar el conocimiento explícito. En el mismo sentido, Tsoukas (1996) menciona que los conocimientos tácito y explícito están "mutuamente constituidos".

Nonaka y Takeuchi (1995) consideran cuatro niveles diferentes de conocimiento: individual, grupal, organizativo e interorganizativo; y sostienen que la creación del conocimiento se basa en la interacción de las dos dimensiones: la epistemológica (conocimiento explícito y tácito) y la ontológica (individuo, grupo, organización, red de organizaciones). En relación al conocimiento individual y el colectivo, los describen como:

- Conocimiento individual: es creado por y para una persona acorde a sus creencias, actitudes, opiniones y los factores que influyen en su formación personal.

- Conocimiento social o colectivo: aquel que es creado por y reside en las acciones colectivas de un grupo. Incluye las normas que dirigen la comunicación y coordinación del grupo.

1.3.3 Modelos de Gestión de Conocimiento.

El carácter multidisciplinario inherente al estudio de la gestión de conocimiento supone la existencia de diferentes perspectivas para el desarrollo y estudio de los sistemas y modelos de gestión de conocimiento.

Existen una gran variedad de modelos de gestión de conocimientos, sin embargo, considerando criterios de proximidad, pertinencia e importancia se seleccionaron los siguientes:

1. La organización creadora de conocimiento (Nonaka y Takeuchi, 1999).
2. Modelo de Gestión Tecnológica del Conocimiento (Paniagua y López, 2007).
3. Modelo KPMG Consulting (Tejedor y Aguirre, 1998).
4. The 10-Step Road Map (Tiwana, 2002).
5. Modelo de Arthur (Andersen, 1999).
6. La GC desde una vision "humanista" (De Tena, 2004).
7. Modelo "Sociotécnico" (Borghoff & Pareschi, 1998).
8. La GC desde la cultura organizacional (Marsal & Molina, 2002).
9. Knowledge Management Asessment Tool (KMAT).

La organización creadora de conocimiento (Nonaka y Takeuchi, 1999)

El modelo de Nonaka y Takeuchi (1999), está basado en la movilización y en la conversión del conocimiento tácito (dimensión epistemológica) y la creación de conocimiento organizacional frente al conocimiento individual (dimensión otológica). Es un modelo cíclico que contempla cinco fases:

- Compartir conocimiento tácito.
- Crear conceptos.

- Justificar los conceptos.
- Construir un arquetipo.
- Expandir el conocimiento.

El modelo propone básicamente la creación de mapas de conocimiento, de equipos auto-organizables y sesiones de diálogo grupal, donde los individuos, mediante esquemas, modelos, metáforas y analogías, revelan y comparten su conocimiento tácito con el resto del grupo.

Para Nonaka y Takeuchi (1995) la creación de conocimiento organizacional se entiende como un proceso que amplifica organizacionalmente el conocimiento creado por los individuos y lo solidifica como parte de la red de conocimiento de la organización. En su análisis argumentan que una organización crea nuevo conocimiento a través de la conversión e interacción entre los conocimientos tácito y explícito. Consideran que la relación recíproca entre estas dos clases de conocimiento es la clave para entender el proceso de creación de conocimiento. El proceso de conversión de conocimiento tácito y explícito es de tipo social, no se limita a una sola persona.

El modelo de Nonaka y Takeuchi se enfoca en que la organización debe movilizar el conocimiento tácito creado y acumulado de manera individual a toda la organización, para lo cual proponen cuatro formas de conversión de conocimiento: socialización, exteriorización, combinación e interiorización; lo cual permite llevar al conocimiento a niveles ontológicos cada vez más altos, a este proceso lo llaman "espiral del conocimiento", donde la escala de interacción del conocimiento tácito y explícito se incrementa conforme se avanza por los niveles ontológicos. De esta forma, la creación de conocimiento organizacional es un proceso en espiral que inicia en el nivel individual y se mueve hacia adelante pasando por comunidades de interacción cada vez mayores, cruzando los límites o fronteras de las secciones de la organización (departamentos, divisiones, áreas, etc.).

La Ilustración 5 muestra las dos dimensiones en las que se da la espiral de creación de conocimiento: epistemológica y ontológica. Cuando la interacción entre conocimiento tácito y explícito se eleva dinámicamente de un nivel ontológico bajo a niveles más altos, surge una espiral, lo que constituye la parte central de esta teoría.

Ilustración 5. Modelo de Creación de Conocimiento.

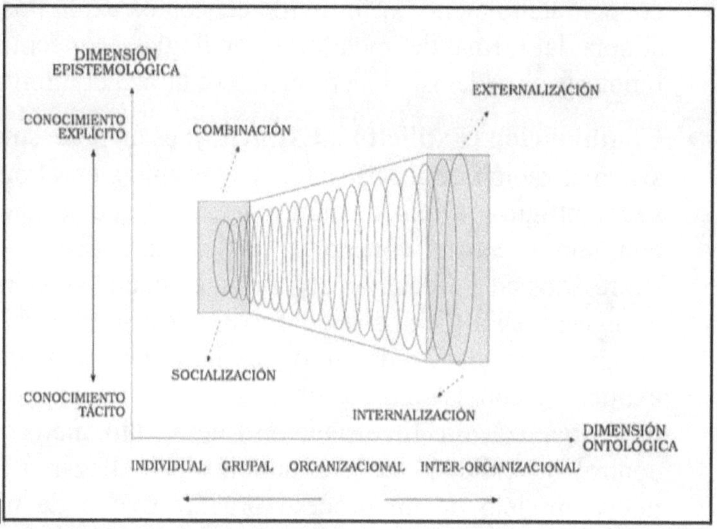

Fuente: Nonaka y Takeuchi (1995).

Los tipos de conversión de conocimiento se explican a continuación:

- *Socialización (tácito a tácito):* el conocimiento se transfiere fundamentalmente por la experiencia, de tal manera que, en el proceso de socialización, se comparten experiencias a través de la observación, la imitación, la práctica o a través de discusiones, para producir modelos mentales o habilidades técnicas. Como involucra la aceptación de creencias, sentimientos y emociones de otros, es muy difícil lograr, sin tener un contacto personal directo y por esta razón se requiere que exista empatía entre los individuos (Ryness, Bartunek, & Daft, 2001)

- **Exteriorización (tácito a explícito):** está asociada a la creación de conceptos. "El modelo mental tácito es verbalizado en palabras y frases, y finalmente cristalizado en conceptos explícitos..." (Nonaka y Takeuchi, 1995). A través de este proceso se enuncia el conocimiento tácito en forma de conceptos explícitos y adopta la forma de metáforas, analogías, conceptos, hipótesis o modelos. Generalmente se utiliza el idioma.

- **Combinación (Explícito a Explícito):** es un proceso de sistematización de información y conceptos, en el cual se reconfigura la información existente y que se inicia con uno o varios conceptos justificados. Estos son expresados en la intención organizacional, en la visión o en la estrategia (Conocimiento explícito), para llegar a un prototipo de producto o servicio (Conocimiento explícito), con la competencia de diferentes expertos de la organización (Investigación y desarrollo, mercado, control de calidad, etc.), o también para llegar a un nuevo modelo de un proceso organizativo o de una nueva estructura (Conocimiento explícito) donde intervienen equipos de todas las áreas organizacionales.

- **Interiorización (explícito a tácito):** este proceso está muy relacionado con el "aprendiendo haciendo". La existencia del conocimiento explícito no garantiza su asimilación e incorporación en la estructura mental y es aquí donde toma relevancia el proceso de la interiorización, pues hasta que el conocimiento explícito no haya sido asimilado individualmente no es posible continuar el proceso de creación del conocimiento, pues, aunque existan procesos grupales, son las personas en sí mismas las que producen el nuevo conocimiento. Los documentos o los manuales facilitan la transferencia de conocimiento explícito a otras personas, permitiendo que experimenten indirectamente las vivencias de otros y creen un modelo mental al respecto (tácito). Cuando ese modelo mental es compartido por la mayoría de los miembros de la organización, el conocimiento tácito se vuelve parte de la cultura organizacional. La interiorización se vincula estrechamente con el aprendizaje organizacional (Arceo, 2009).

En la Ilustración 6 se muestra la espiral de conocimiento generada a partir de la interacción de los conocimientos tácito y explícito.

Ilustración 6. Espiral de Conocimiento.

Fuente: Nonaka y Takeuchi (1995).

En cada una de las etapas el contenido del conocimiento es diferente:

- La socialización produce conocimiento armonizado, como modelos mentales y habilidades técnicas compartidas.
- La exteriorización genera conocimiento conceptual.
- La combinación genera conocimiento sistémico, como un prototipo y las nuevas tecnologías de componentes.
- La interiorización crea conocimiento operacional acerca de la administración de proyectos, los procesos de producción, el uso de nuevos productos y la implantación de políticas.

Arceo (2009) propone la ejecución del modelo en cinco fases:

1. El primer paso para la creación de conocimiento organizacional es compartir el conocimiento tácito entre individuos con distintos antecedentes, perspectivas y motivaciones.

2. Crear conceptos: en esta fase se da la interacción más intensa entre conocimiento tácito y explícito. Una vez que se ha definido un mapa mental compartido, los miembros del equipo comparten puntos de vista y forman una reflexión conjunta. El modelo mental tácito se verbaliza en palabras, frases y esquemas y finalmente cristaliza en conceptos explícitos. Esta fase corresponde a la exteriorización.

3. Justificar los conceptos: contempla determinar si los conceptos creados son en verdad válidos para la organización y para la sociedad. Los criterios de selección o "justificación" pueden ser: el costo, el margen de ganancia o utilidad y el grado en el que un producto contribuye al crecimiento de la empresa. *"En una compañía creadora de conocimiento, el papel principal de la alta dirección es formular los criterios*

de justificación en forma de intención organizacional, la cual se expresa en términos de estrategia o visión".

4. Construir un arquetipo: el concepto justificado se convierte en algo tangible y concreto. Se construye combinando el concepto explícito recién creado con el conocimiento explícito con el que ya contaba la empresa. Los conceptos justificados, que son explícitos, se convierten en arquetipos, que también son explícitos, esta fase puede considerarse la de "combinación".

5. Expandir el conocimiento: el nuevo concepto, que ha sido creado, justificado y modelado, continúa hacia un nuevo proceso de creación de conocimiento en un nivel ontológico distinto. *"Este proceso se llama distribución cruzada de conocimiento y tiene lugar intra e inter-organizacionalmente".*

Modelo de Gestión Tecnológica del Conocimiento (Paniagua y López, 2007)

El modelo de Paniagua y López (2007) se compone de: recursos de conocimiento, actividades de transformación del conocimiento y factores de influencia en la Gestión de Conocimiento. El modelo contempla al liderazgo como elemento principal, a los sistemas de información y a la cultura de la organización. Muy importante es el papel fundamental que da a los procesos humanos, introduce lo creativo y humano del modelo de Nonaka y Takeuchi incorporando las Tecnologías de Información, sin que éstas tengan el papel principal. Los recursos de conocimiento (agentes y sistemas físicos), interactúan a través de la socialización, exteriorización, combinación e interiorización para ejecutar la gestión efectiva del conocimiento (ver la Tabla 2).

Tabla 2. Componentes del Modelo de Gestión Tecnológica del Conocimiento

Dimensiones	Componentes	Elementos
Recursos de Conocimiento	Conocimiento de los agentes	Personas y núcleo, experiencia
		Sistemas físicos, información
	Cultura de la organización	Principios, normas y reglas
	Infraestructura	Nivel funcional
		Nivel Operativo
	Artefactos	Productos
		Servicios
	Estrategia	Misión y visión
		Posicionamiento estratégico
		Estrategia competitiva
		Factores clave de la estrategia competitiva
	Recursos externos	Componente (compartido, adquirido)
Actividades de	Socialización del conocimiento	Compartición de experiencias
		Identificación de expertos

Transformación Del Conocimiento	Exteriorización del conocimiento	Identificación y categorización
		Evaluación
		Selección
		Formalización
	Combinación del conocimiento	Fusión
		Ampliación
Factores de Influencia en la gestión del conocimiento	Influencia de los agentes	Motivación
		Inestabilidad
		Inercia
		Aptitudes
	Influencia de la gestión	Mecanismo de coordinación
		Nivel de agrupación
		Tipo de centralización
		Nivel de Liderazgo
		Núcleo o elemento clave
	Influencia del entorno	Agentes externos (clientes, proveedores, competidores, agentes sociales)

Fuente: Paniagua y López (2007)

Modelo KPMG Consulting (Tejedor y Aguirre, 1998)

El modelo KPMG se basa en un enfoque sistémico-organizacional. Se señalan como factores del aprendizaje productivo los siguientes:

- Compromiso firme y consciente de toda la empresa, en particular de sus líderes, con el aprendizaje continuo.

- Comportamientos y mecanismos de aprendizaje a todos los niveles.

- Desarrollo de infraestructuras que faciliten el funcionamiento de la empresa y el aprendizaje de las personas y de los equipos de trabajo.

"The 10-Step Road Map" (Tiwana, 2002)

El modelo "The 10-Step Road Map" se fundamenta en la diferenciación básica entre conocimiento tácito y explícito, pero también considera otras clasificaciones del conocimiento en función de su tipología, focalización, complejidad y caducidad. Considera que uno de los principales objetivos de la gestión del conocimiento en las organizaciones debe ser la integración y la utilización del conocimiento fragmentado existente en dichas organizaciones.

Los diez pasos que forman el modelo se agrupan en cuatro grandes fases:

- Evaluación de la infraestructura.
- Análisis de los sistemas de GC, diseño y desarrollo.
- Despliegue del sistema.
- Evaluación de los resultados.

La estrategia de implementación se basa en la creación de redes de comunicación y colaboración, así como en el trabajo en equipo.

Este modelo considera muy importante el uso de las TIC en la adquisición, compartimiento y utilización del conocimiento; utilizando para ello base de datos inteligentes, herramientas para la captura de datos, redes de comunicación y herramientas de colaboración.

Modelo de Arthur Andersen (1999)

El modelo propuesto por Andersen (1999) enfatiza la responsabilidad de los trabajadores en compartir y hacer explícito el conocimiento, por lo que demanda la creación de infraestructuras de apoyo para capturar, analizar, sintetizar, aplicar, valorar y distribuir el conocimiento, por lo que se proponen dos tipos de sistemas:

- Sharing networks: comunidades virtuales o reales, foros sobre los temas de mayor interés de un determinado servicio o industria.

- Conocimiento "empaquetado" referido a las mejores prácticas, metodologías y herramientas, informes, etc.

La Gestión de Conocimiento desde una visión "humanista" (De Tena, 2004)

El modelo de De Tena (2004), "centra su funcionamiento en el compromiso de las personas que conforman la organización, de tal manera que, donde otros han hecho hincapié en la tecnología como la base de un sistema para gestionar el conocimiento, aquí se le da una importancia primordial a la persona, a su estabilidad dentro de la organización y a su implicación y alineación con los objetivos generales y con el proyecto organizacional".

El modelo está constituido en cuatro fases:

- Consultoría de dirección.
- Consultoría de organización.

- Implantación de planes de gestión de conocimiento.
- Medidas de verificación y seguimiento.

El modelo promueve la creación de una cultura organizacional que:

- Propicie el compartimiento de conocimiento entre sus miembros, sin que éstos se sientan amenazados.
- Otorgue mayor importancia a las personas que aportan conocimiento útil a la organización.
- Promueva el aprendizaje continuo para afrontar procesos de cambio.
- Dé mayor importancia al desarrollo profesional y personal de los miembros de la organización.

Modelo "Sociotécnico" (Borghoff et al., 1998)

Borghoff et al. (1998), proponen el uso de las Tecnologías de Información (TI) para gestionar el conocimiento. Su modelo se basa en el de Nonaka y Takeuchi, pero persiguen conocer las TI necesarias para facilitar la GC. Se plantean los siguientes cuestionamientos: ¿Qué tipo de TI pueden contribuir al flujo de conocimiento, apoyando su conversión desde explícito a tácito y viceversa?, ¿Qué tipos de TI pueden apoyar mejor al conocimiento explícito que una organización tiene? ¿Cómo gestionar, a través de las TI, el volumen de conocimiento explícito contenido en las colecciones de documentos de una organización?

Con el fin de apoyar el flujo de conocimiento, los autores construyen un modelo de cuatro componentes: cartografía del conocimiento, depósitos y librerías de conocimiento, comunidades de trabajadores del conocimiento y el flujo del conocimiento.

La Gestión de Conocimiento desde la Cultura Organizacional (Marsal y Molina, 2002)

El modelo de Marsal y Molina (2002) está fundamentado en el tipo de cultura organizacional existente en la institución.

El modelo contempla cinco fases basadas en el estudio, el conocimiento, el cambio y de la cultura organizacional:

*   Autodiagnóstico.
*   Gestión estratégica.
*   Definición y aplicación del modelo de Gestión de Conocimiento.
*   Gestión del Cambio.
*   Indicadores para medir el impacto de la GC.

Este modelo promueve una cultura organizacional orientada a compartir. Contempla a la información como la base para incrementar el poder de decisión de los miembros de la organización y fomenta la libre comunicación en todos los niveles organizativos. También contempla el uso de infraestructura y elementos que permitan acceder, crear y difundir documentos e ideas: computadoras, software estándar y desarrollado a medida, acceso a telecomunicaciones, intranets y extrarnets, soporte al usuario, etc.

Modelo "Knowledge Management Asessment Tool" (KMAT)

El modelo KMAT es una herramienta de evaluación y diagnóstico construida sobre la base del modelo desarrollado por Andersen. Este modelo propone cuatro factores que favorecen el proceso de administración de conocimiento:

*   Liderazgo: comprende estrategia, definición del negocio y utilización del conocimiento.

- Cultura: refleja como la organización entiende y favorece el aprendizaje y la innovación.

- Tecnología.

- Medición: incluye la medida del capital intelectual y la forma en que se distribuyen los recursos para potenciar el conocimiento valioso.

1.3.4 Características de un Sistema de Gestión de Conocimiento.

Un **Sistema de Gestión de Conocimiento (SGC)** o **Knowledge Management System (KMS)**, hace referencia a los sistemas de información para gestionar conocimiento en las organizaciones, los cuales pueden soportar la creación, captura, almacenamiento y distribución de la información. Estos sistemas forman parte de la estrategia de Gestión de Conocimiento de una organización.

El objetivo de un SGC es permitir a los empleados tener acceso completo a la documentación de la organización, para poder hacer uso de la información para crear más y mejores soluciones.

De acuerdo a (Espinoza, 2010), un sistema de gestión de conocimiento puede incluir lo siguiente:

1. **Tecnología documental** que permita la creación, gestión y compartición de documentos con un formato determinado (como Lotus Notes, portales Web de gestión documental, Bases de Datos distribuidas).

2. **Ontología / Taxonomía**: similar a la tecnología documental para crear un sistema de terminologías que son usadas para archivar, organizar o clasificar los documentos (por ejemplo: Autor, Materia, Organización, etc.).

3. Proporcionar **Mapas de Red de la Organización** para mostrar el flujo de comunicación entre las entidades y los individuos.

4. Desarrollar **herramientas sociales** dentro de la organización para sacar un mayor aprovechamiento de la creación del SGC.

Los Sistemas de Gestión de Conocimiento (SGC) trabajan con información, aunque es una disciplina que se extiende más allá de los Sistemas Informáticos (Software). Las características más importantes de un SGC pueden incluir:

1. **Propósito:** un SGC tiene que tener el explícito objetivo de la gestión de conocimiento, permitiendo la colaboración, el compartir buenas prácticas y similares.

2. **Contexto:** una perspectiva de los SGC es ver que el conocimiento es información organizada con inteligencia, acumulada e integrada en un contexto de creación y aplicación de dicho conocimiento.

3. **Procesos:** el SGC es desarrollado para soportar y permitir procesos de conocimiento intensivo, como tareas o proyectos de creación, construcción, identificación, captura, selección, evaluación, acceso, recuperación y aplicación, que es el llamado ciclo de vida del conocimiento.

4. **Participantes:** los usuarios pueden jugar roles activos de participantes involucrados en las redes del conocimiento y en las comunidades, aunque esto no tiene porqué ser necesariamente el caso. Los SGC están diseñados para que el conocimiento se desarrolle colectivamente y la distribución de dicho conocimiento sea un proceso continuo de cambio, reconstrucción y aplicación en diferentes contextos, por diferentes participantes con diferentes backgrounds y experiencias.

5. **Instrumentos:** el SGC debe soportar instrumentos de gestión del conocimiento, como la captura, creación y compartición de aspectos codificables de la experiencia, la creación de directorios de conocimiento corporativos, con su correcta clasificación, taxonomía u ontología, localizadores de experiencia, sistemas de gestión de habilidades, herramientas de colaboración para permitir conectar personas interesadas en los mismos temas, permitiendo de esta manera la creación de redes de conocimiento.

Un **Sistema de Gestión de Conocimiento** ofrece servicios integrados para desarrollar instrumentos de GC para una red de participantes, que serán trabajadores activos del conocimiento durante todo el ciclo de vida del sistema. Los SGC pueden ser usados para procesos de cooperación, colaboración entre comunidades, organizaciones virtuales, sociedades u otras redes virtuales, para gestionar contenidos, actividades, interactuar y generar flujos de trabajo, proyectos, trabajos, departamentos, privilegios, roles, participantes con el propósito de extraer y generar nuevo conocimiento, darle valor y transferirlo, generando nuevos servicios, usando nuevos formatos e interfaces en diferentes canales de comunicación.

Algunos de los principales beneficios de utilizar Sistemas de Gestión de Conocimiento son:

1. La información organizacional valiosa se comparte a través de la estructura de la organización.

2. Podemos evitar reinventar la rueda, reduciendo trabajo redundante reutilizando trabajo ya realizado por otros en la misma organización.

3. Reducción de los tiempos de formación de los nuevos empleados.

4. Retención de la propiedad intelectual de los trabajos después de que el empleado abandone la empresa.

Casos de éxito de Gestión de Conocimiento

XEROX

Xerox es sin duda una de las empresas más identificadas con la Gestión de Conocimiento, en los años 90 crearon un grupo de especialistas de diferentes perfiles profesionales para intentar mejorar el servicio de reparación de impresoras que ofrecía a sus clientes. El grupo descubrió que los técnicos lograban una gran efectividad gracias a la información que compartían mientras conversaban junto a la máquina de café.

Este hecho pasó a ser parte de la cultura de **Xerox** y dio origen en 2001 al sistema **"Eureka"** a través del cual se reconocían las ideas y propuestas de los empleados, los cuáles eran ya reconocidos como *"Knowledge Workers"* (trabajadores de conocimiento).

El programa incluía una plataforma en donde los técnicos podían registrar los problemas detectados y las soluciones aplicadas, así como en desarrollar sistemas expertos para la Resolución de Problemas capaces de sacar partido a la ingente cantidad de información disponible. El programa tuvo como resultado una mejora del 10% en la productividad en los primeros dos años, misma que se mantuvo por varios años (en 2010 se estimaba que ese 10% representaba beneficios por cerca de 10 millones de dólares).

Los equipos de trabajo han sido siempre uno de los puntos fuertes de Xerox, incluidos los mecanismos para asegurar la motivación de los empleados. Este aspecto es crítico en una organización en donde se reconoce la interacción de las personas como la principal fuente de conocimiento y *"otorga a la máquina de café poderes casi divinos"*.

Algunos de los objetivos que **Xerox** persigue en su modelo son:

- Hacer que el conocimiento de los empleados emerja para poder codificarlo

- Localizar los medios más adecuados para decodificar el conocimiento que es compartido por toda la organización
- Permitir un acceso sencillo y rápido al conocimiento
- Motivar a los empleados para que consideren al conocimiento como una ventaja exclusiva para su desarrollo personal, lo compartan y promuevan la creación de nuevas soluciones y estrategias para mejorar el negocio

Como un último comentario, **Eureka** hace ya tiempo que se ha subido a la nube apoyada en los **Xerox Cloud Services**, un producto comercial de **Xerox** desarrollado por **CISCO**.

BRITISH PETROLEUM - BP

British Petroleum es otra de las empresas con más experiencia en la Gestión del Conocimiento. Su modelo se basa en dos simples premisas: incorporar el conocimiento a las rutinas de trabajo y crear nuevo conocimiento para mejorar radicalmente los resultados en los negocios

La empresa se ha enfocado principalmente a fomentar la Socialización del Conocimiento al reconocer que el conocimiento está en las personas y no en documentos. Para lo cual ha fomentado la creación de Comunidades de Práctica, las herramientas para Localizar Expertos y la implantación de sistemas de Trabajo Compartido a los que se incorporan socios y proveedores.

De acuerdo con Kent Greenes, el director del programa en los 90´s, el valor agregado que puede atribuirse a la gestión del conocimiento en BP ronda los 100 millones de dólares.

TOYOTA

Toyota es líder del sector automotriz y referente en aspectos de Calidad Total desde hace décadas, además de modelo en diseño de nuevos productos e innovación (se piensa que utilizan cuatro veces menos ingenieros en el desarrollo de un producto que sus competidores americanos y europeos).

"En 1984, General Motors creó una empresa junto a Toyota (NUMMI, New United Motor Manufacturing Inc.) con el fin de aprender las técnicas de producción de su alter ego, transfiriendo a las nuevas instalaciones una buena parte del personal de la planta de Fremont, quizás la de peores resultados de toda la organización. Dos años después, la nueva planta era ya la más productiva y llegó a alcanzar niveles de calidad comparables con los obtenidos en Japón. Este experimento único demostró la importancia de gestionar equipos de alto rendimiento y fomentar la cooperación entre ellos" (Arjona, 2014).

Los Sistemas de Producción de Toyota (TPS: Toyota Production System) se caracterizan por la Tolerancia Cero a los defectos y al incumplimiento en las fechas de entrega (Just-in-time) y la Mejora Continua de Procesos, sin duda, ilustran claramente la forma en que esta organización entiende la Gestión de Conocimiento.

Cada unidad de producción establece sus propios procedimientos y planes de mejora sin que existan directrices globales. Se fomenta el respeto a los empleados y el establecimiento de mecanismos informales de cooperación entre las unidades. En definitiva, es un modelo basado en la gestión del Capital Relacional, encaminado a mejorar la eficiencia de la producción, fomentar la mejora continua y la excelencia, con el único fin de lograr una ventaja competitiva a largo plazo.

El de Toyota es un modelo extraño, difícil de asimilar para un occidental, sin embargo, es un modelo a seguir.

1.4 SOCIEDAD DE CONOCIMIENTO Y ECONOMÍA DE CONOCIMIENTO.

1.4.1 Sociedad de Conocimiento.

En la historia de la humanidad nunca había existido tanta información disponible, a través de tantos medios y para tantas personas. Una edición del New York Times contiene más información de la que tendría un ciudadano promedio del siglo XVII durante toda su vida. En los últimos cinco años se ha generado más información que en los 5,000 anteriores, y esa información se duplica cada cinco años.

Se estima que para el año 2040 habrá 200 millones de libros distintos en el mundo. Sería casi imposible construir una Biblioteca para albergar todos esos libros, además de que sería poco práctico debido a las decenas de kilómetros que tendrías que recorrer para ir por un libro. Gracias al desarrollo de las tecnologías de almacenamiento, procesamiento y transmisión de información, el ser humano puede hacer frente e intentar organizar esta gran cantidad de datos, sin embargo, como señala Julio Linares, *"cuanto mayor es la información generada por una sociedad, mayor es la necesidad de convertirla en conocimiento"* (Sanz-Magallón, 2000).

Se puede definir a la **sociedad del conocimiento** como aquélla que considera el conocimiento como activo fundamental para el progreso y enfoca sus esfuerzos en facilitar que todas las personas puedan utilizarlo, difundirlo e intercambiarlo. El objetivo es encauzar dicho conocimiento hacia fines positivos que permitan el desarrollo de una sociedad avanzada, racional, equitativa y comprometida con el bienestar de las personas y con el cuidado del entorno natural.

El conocimiento y la información tienen un impacto considerable en la vida de las personas. Su asociación, especialmente a través de las tecnologías de información y comunicación (TIC), tiene el poder de transformar la economía y la sociedad.

De acuerdo a la (UNESCO, 2019), las sociedades del conocimiento deben basarse en cuatro pilares:

1. La libertad de expresión,
2. El acceso universal a la información y al conocimiento,
3. El respeto a la diversidad cultural y lingüística, y
4. La educación de calidad para todos.

La sociedad del conocimiento también conlleva modificaciones en la forma de trabajar, brindando especial importancia a la generación de ideas, la colaboración, el incremento en la satisfacción laboral, el reconocimiento de los méritos, etc. También surge un mayor interés en el aprovechamiento de los recursos buscando un desarrollo sostenible, la protección de la naturaleza y el cuidado de la biodiversidad.

Una Sociedad del Conocimiento se caracteriza por invertir cada vez más en el capital humano, impulsar la investigación científica y crear un entorno favorable para el desarrollo de iniciativas innovadoras.

1.4.2 Economía del Conocimiento.

El término **Economía del Conocimiento** fue acuñado por la (OECD, 1996), para el conjunto de países industrializados en los que se reconoció al conocimiento como el factor clave del crecimiento económico. Sus fundamentos son la creación, difusión y uso del conocimiento; el conocimiento pasa a ser un activo más importante que los bienes de capital y mano de obra.

Anteriormente los activos de capital principales que se necesitaban para generar riqueza eran el trabajo físico, las máquinas, herramientas, etc. En la nueva sociedad del conocimiento, la riqueza de las empresas se basa en la información y el conocimiento, los cuáles se han convertido en las materias primas principales de la economía y son sus productos clave.

Las bases de la nueva economía del conocimiento son: los *recursos humanos* que intervienen en los procesos de producción o de soporte organizacional (formación, cualidades personales, etc.) y *la información* manejada en dichos procesos que capacita a estas personas para incrementar su formación o habilidades para el desarrollo de sus tareas. La fusión de estos dos elementos hace emerger *el conocimiento*. La organización necesita convertir los datos en conocimiento y difundirlo rápidamente para ser utilizado en el área que lo pueda aprovechar.

Las Tecnologías de Información y Comunicaciones (TIC) juegan un papel fundamental en esa gestión del conocimiento y se están convirtiendo en impulsoras de los cambios que reclaman las empresas para hacerse más competitivas. Por su parte, el conocimiento juega un rol dominante en la economía actual, se ha convertido en el recurso económico más importante (en ocasiones más importante que el dinero), debido a esto no es extraño que la gestión del conocimiento se convierta en la primera prioridad de todas las grandes empresas (Hormigos, 2002).

De acuerdo al Banco Mundial (2007), la economía del conocimiento debe estar soportada en cuatro pilares:

1. *Educación, formación y capacitación*. La fuerza de trabajo debe estar integrada por trabajadores calificados y educados, capaces de actualizar y adaptar sus habilidades para crear y utilizar el conocimiento de forma eficiente. Los sistemas de educación y formación abarcan la enseñanza primaria y secundaria, entrenamiento vocacional, enseñanza superior, formación profesional y aprendizaje permanente.

2. *Infraestructura de acceso a la información y las telecomunicaciones*. Una moderna y adecuada infraestructura de información facilitará la comunicación, difusión y procesamiento de la información y el conocimiento. Las tecnologías de la información y comunicación (TIC), incluyendo teléfono, televisión, radio y redes, son la infraestructura esencial de las economías globales basadas en la información de nuestro tiempo.

3. **El sistema de innovación**. Un eficaz sistema de innovación está compuesto por empresas, centros de investigación, universidades, consultores y otras organizaciones que generan nuevos conocimientos y tecnología, aprovechan el creciente stock de conocimiento global y los asimilan para adaptarlo a las necesidades locales. La inversión pública en innovación, ciencia y tecnología abarca una amplia gama de infraestructuras y funciones institucionales, desde la difusión de las tecnologías básicas hasta las actividades de investigación avanzada.

4. *Los marcos institucionales, de gobierno y negocios*. El régimen institucional del país y el conjunto de incentivos económicos que genera, deben permitir la movilización eficiente, así como la eficaz asignación de recursos, estimular el espíritu empresarial e inducir la creación,

difusión y el uso eficiente del conocimiento. El concepto abarca una amplia gama de cuestiones y ámbitos de la política pública, que van desde los aspectos del marco macroeconómico, a las regulaciones de comercio, financiamiento y banca, mercados laborales y gobernanza.

1.4.3 Transformaciones en la Sociedad del Conocimiento.

En las Sociedades de Conocimiento el esquema de trabajo asalariado está en decadencia por diversas razones, en particular por la reestructuración socioeconómica que enfrenta el mundo por la globalización y la revolución tecnológica derivada de las TIC (Tecnologías de Información y Comunicación). Cada vez más las empresas buscan economizar reduciendo las plazas de trabajadores asalariados lo más posible e incursionan en otros esquemas laborales como "por honorarios", "por proyectos" o por otros derivados precisamente de las nuevas tecnologías como el "teletrabajo".

Robin Izquierdo de la empresa EHORUS, la cual se especializa a la gestión de equipos a través de la nube, menciona las siguientes tendencias laborales que transformarán al trabajo en algo diferente a lo que conocemos (Izquierdo, 2018).

- **Automatización del trabajo.** Conforme aumente la sofisticación de los sistemas robóticos y la inteligencia artificial se aplique a cada vez más áreas, los trabajos manuales y repetitivos serán cada vez menos.

- **Desaparición de empleos y generación de empleos nuevos.** Como consecuencia de la automatización y digitalización de la economía, decenas de empleos caerán en el olvido y otros tantos que aún no existen surgirán con fuerza, incluso algunos de ellos se desvanecerán en pocos años. Es por ello que cualidades como la flexibilidad o una buena actitud serán especialmente valoradas, al tiempo que el trabajador deberá ser consciente de la importancia de una formación continua y una constante adquisición de nuevos conocimientos.

- **Trabajadores del conocimiento.** El conocimiento será una cualidad cada vez más valorada, incluso surgirán nuevos perfiles profesionales enfocados al conocimiento. Los trabajadores del conocimiento son personas capacitadas para aportar su experiencia y su sabiduría profesional a toda empresa que pueda requerir sus servicios. Conocen la tecnología y la utilizan. Tienen una gran movilidad y acuden donde son necesitados. Resuelven problemas puntuales, gracias a su experiencia en la participación en proyectos.

- **Más movilidad.** Anteriormente una persona podía entrar a trabajar muy joven a una empresa y terminaba jubilándose ahí mismo, sin embargo, en las sociedades del conocimiento el mercado laboral está en continua transformación, los "trabajos para toda la vida" son cada vez más escasos y la movilidad, no sólo entre empresas, sino también entre puestos de trabajo distintos, estará cada vez más a la orden del día, será más común la condición de "freelance" o "agente libre" y la "marca personal" tendrá cada vez más importancia.

- **Salario emocional.** Los empleados de los próximos años, en especial los millenials, demandarán algo más de su trabajo que una buena retribución salarial. Condiciones como un lugar de trabajo agradable, opciones de conciliación con la vida familiar y personal o un empleo que tenga un impacto positivo en la sociedad serán especialmente valoradas por las nuevas generaciones.

- **Flexibilidad laboral.** Como parte del salario emocional y conforme la tecnología lo ha ido facilitando, cada vez más empresas ofrecen diversas opciones para flexibilizar la forma en la que se trabaja. Trabajo por proyectos, flexibilidad horaria, teletrabajo… son opciones que valoran la labor bien hecha por encima de la presencia en sitio y el cumplimiento de un horario estricto. Los estudios afirman que contribuyen a aumentar tanto la productividad como la felicidad de los trabajadores. Además, las posibilidades de trabajo remoto seguirán promoviendo la aparición de nuevos perfiles profesionales, como los nómadas digitales, que no tienen un lugar fijo de trabajo, sino que pueden ejercer su profesión desde cualquier lugar en el que se disponga de acceso a Internet.

- **Gamificación.** Tanto para procesos de selección como para el trabajo en sí mismo, la gamificación (actividades similares a juegos) seguirá abriéndose paso en el terreno laboral. La esencia es divertirse trabajando, sin por ello dejar de hacer un trabajo serio y profesional. Algunas empresas como Google han logrado introducir con éxito la gamificación en algunos aspectos de su estilo de trabajo, y esta tendencia sigue creciendo.

- **Puestos de alta demanda y puestos de demanda inexistente.** La transformación en el mercado laboral también traerá situaciones paradójicas. Mientras algunos empleos desaparecerán o se reducirán hasta el punto de que las empresas los cubran sin esfuerzo (y probablemente con salarios bajos), para otros puestos (por ejemplo, los relacionados con TI e Ingeniería) las empresas se verán en auténticas dificultades para encontrar personal suficientemente cualificado. Por ello, como ya adelantábamos, será muy relevante la continua formación y adquisición de nuevos conocimientos y capacidades.

Las **Sociedades de Conocimiento** también han impulsado el **Networking**, el cual consiste en crear una red de contactos con el propósito de generar oportunidades labores o de negocio que conlleven beneficios mutuos.

De acuerdo a García (2023), algunos de los beneficios del **Networking** son:

- Darse a conocer como profesional o especialista en un sector o especialidad.

- Conocer a otros profesionales del sector en el que se desempeñan.
- Intercambiar conocimientos e incluso poder ofrecer formación a otros profesionales de áreas afines.
- Establecer posibles sinergias o colaboraciones entre empresas, profesional-empresa o profesional-profesional.
- Conseguir inversionistas o socios que apoyen a la empresa o proyecto.
- Intercambio de servicios.
- Dar a conocer productos o servicios, conseguir opiniones de otros profesionales que ayuden a mejorarnos, especializarnos o definir más nuestros objetivos.
- Conocer mejor nuestro mercado y hacernos una visión general de la situación.
- Conseguir aliados que sumen sus aportaciones a nuestro proyecto.
- Proyectarnos y lograr mejores puestos laborales dentro del sector que conocemos.

Generalmente el **Networking** se clasifica en Personal, Operacional y Estratégico.

- **Personal.** Su objetivo es crear contactos que puedan contribuir al desarrollo personal y profesional. Generalmente los contactos son externos.
- **Operacional.** Su objetivo es construir sólidas relaciones en el trabajo para ser más eficientes. Los contactos son internos.
- **Estratégico.** Su objetivo es crear relaciones que permitan fortalecer planes o proyectos a largo plazo. Los contactos pueden ser internos y externos.

El **Networking online** puede llevarse a cabo a través de:

- *Redes sociales:* comunicar y comentar publicaciones de otros para crear relaciones.

- *Blogs:* dejar comentarios atrayentes en artículos de personas líderes en el ramo es una aceptable forma de capturar su atención.

- *Entrevistas:* llevar a cabo entrevistas a personas líderes en el ramo o que han realizado investigaciones o proyectos afines.

- *Webinars:* hacer webinars (conferencias o seminarios) colaborativos sobre una temática de interés, invitando a ponentes que dominan el tema, es una buena estrategia para crear nuevos contactos.

- *Artículos colaborativos:* crear posts donde numerosos expertos hablan de un tema preciso es otra forma de atraer contactos e iniciar nuevas relaciones.

El **Networking offline** puede llevarse a cabo a través de:

- *Eventos y ferias del sector*: son de los mejores sitios para conectar con otros expertos y personas del área.

- *Reuniones de trabajo:* son una buena ocasión para crear contactos.

- *Desayunos:* debido a que son espacios más relajados, se convierten en un excelente lugar para iniciar contactos.

- *Reuniones con amigos y conocidos:* también se pueden convertir en un buen lugar para iniciar un nuevo contacto.

El **Networking empresarial** es el proceso de tejer redes de contactos e influencias para luego aprovecharlas de forma eficaz. Se pueden crear a través de encuentros organizados para empresarios y directivos con el objetivo de intercambiar información y contactos para promover las empresas participantes, mejorar su gestión, lograr recomendaciones, considerar la posibilidad de colaboración, etc. En definitiva, es una herramienta que se basa en la relación de confianza y su aportación de valor para conseguir incrementar las ventas de las empresas participantes.

Para la Universidad de Salamanca son muchas las ventajas del **Networking empresarial,** entre ellas, destacan la relación estrecha, regular y eficaz que se establece entre los participantes y que además pueden convertirse en potenciales clientes (proveedores) y magníficos promotores de sus productos (servicios). Como resultado cada empresa participante puede ampliar su cartera de clientes entre el empresariado de la red. En consecuencia, se puede decir que el **networking** aumenta el volumen de negocio de la empresa participante. Además, sirve para que los participantes conozcan de primera mano la situación y las necesidades de empresas representativas de cada sector, lo que representa una ventaja competitiva respecto a otras empresas a la hora de plantear nuevos productos y servicios (USAL, 2023).

1.4.4 Retos de la Sociedad del Conocimiento.

Como lo hemos visto a lo largo de este apartado, las Sociedades de Conocimiento dependen económica y culturalmente en gran medida de su potencial para crear conocimiento científico y tecnológico. Es por ello que el conocimiento se convierte en un bien comercial. Por lo cual en la actualidad se hacen grandes inversiones en investigación y desarrollo.

Cada vez se invierte más en educación y capacitación, con el objetivo de contar con el talento humano para poder usar el conocimiento de manera más efectiva en el desarrollo de innovaciones.

De esta forma, mediante el apoyo de las Tecnologías de Información, se utiliza el conocimiento de manera estratégica como un factor de competencia económica. Los principios importantes en una sociedad del conocimiento son la creación de redes entre los productores de conocimiento, la eficacia en la aplicación, la evaluación, el control y el aprendizaje (Castillo, 2019).

Organismos como la UNESCO consideran que las Sociedades de Conocimiento tienen el potencial para mejorar los medios de subsistencia y contribuir al desarrollo social y económico de las comunidades. Sin embargo, el gran reto es crear la infraestructura de Tecnologías de Información necesaria para lograr el acceso universal tanto a la información como al conocimiento y a la educación de calidad para todos.

Es muy importante fortalecer la vinculación entre las empresas y las Universidades, e implementar de manera eficiente y productiva el modelo de triple hélice (Universidad–Empresa–Gobierno). De la operación eficiente de la triple hélice surgirán investigaciones orientadas a solucionar problemas productivos y comerciales, asegurando la protección de la propiedad intelectual y un beneficio justo para los investigadores e innovadores.

1.4.5 Ciudades de Conocimiento.

La denominación de Ciudad del Conocimiento se le da a aquellas metrópolis que han decidido, de manera conjunta entre gobierno, iniciativa privada y academia, basar su economía en la investigación científica y tecnológica, y su desarrollo e industrialización.

Actualmente algunas ciudades están impulsando nuevos modelos y espacios urbanos basados en la cultura del conocimiento y la sustentabilidad. Existen varios ejemplos en el mundo, los gobiernos locales junto a la iniciativa privada están habilitando espacios para crear nuevos paisajes urbanos denominados "barrios tecnológicos" en los que tienen cabida áreas dotadas con las más modernas tecnologías para empresas punteras, agradables y bien dotados entornos residenciales, espacios verdes, etc.

Una de estas ciudades es Dublín, en donde decidieron apostarle al desarrollo tecnológico y digital, a la economía del conocimiento e investigación científica hasta consolidarse como "el Silicon Valley Europeo", donde se concentran el mayor número de empresas especializadas en el medio digital de todo el continente europeo, convirtiéndose en referente tecnológico y en la quinta capital con la mejor calidad de vida en el continente.

Desde su lanzamiento en 2003, el Digital Hub de Dublín ha sido sede de alrededor de 160 empresas de tecnología y de la industria digital, incluyendo a empresas como Amazon, PopCap Games, Havok, Daft y varias compañías líderes en el ramo de la animación digital (INFORMADOR.MX, 2014)

El Digital Hub se hospeda en las instalaciones de la antigua cervecería Guiness. En la actualidad es una de las zonas más prosperas de la ciudad de Dublín (Ilustración 7).

Ilustración 7. El Digital Hub de Dublín.

Fuente: Página web de The Digital Hub
(https://www.thedigitalhub.com/explore/campus/).

Otro ejemplo es One North, en Singapur, su arquitectura es la de una urbe moderna que se adelanta al futuro. Es una comunidad enfocada a la nueva economía del conocimiento, está situada entre dos parques científicos y cerca de distintas universidades, cuenta con una extensión de 200 hectáreas diseñadas por el despacho de arquitectos Zaha Hadid, en su sitio web la describen como "un lugar donde las mentes excepcionales se congregan para vivir, trabajar, relajarse y aprender".

One North incorpora elementos de la vida urbana, como un espacio público atractivo aderezado por numerosas actividades deportivas, de ocio y comercio, que contribuyen a fomentar un ambiente favorable para la innovación y la creación de empresas. En sus primeras fases de desarrollo, este proyecto se sustenta en tres grandes bloques de actuación: un centro de servicios corporativos y de negocios; el campus Biopolis para la investigación biomédica en el que se integran residencias y usos educacionales e institucionales; y Fusionopolis, centro de sinergias para el desarrollo de las tecnologías de telecomunicaciones, medios y ciencias (Ilustración 8).

Ilustración 8. One North Singapur.

Fuente: Erwin Soo en Wikipedia
(https://en.wikipedia.org/wiki/One-north)

Otras ciudades que son referentes mundiales en cuánto a sus avances hacia la Sociedad del Conocimiento son Manchester, Turín, Pau, Barcelona y Karisruhe en Europa, así como Pittsburg y Boston en Estados Unidos.

En México, además del Sillicon Valley Mexicano en Guadalajara (vea el punto 1.2.2), también se puede considerar al Parque de Innovación e Investigación Tecnológica de Nuevo León, el cual está ubicado en el municipio de Apodaca, Nuevo León, cuenta con 34 centros de investigación y 3 incubadoras empresariales de alta tecnología que tienen infraestructura de clase mundial; y en el mismo laboran más de 2,500 científicos que buscan soluciones tecnológicas a problemas y demandas de la sociedad y del mercado. El proyecto promueve la creación y fortalecimiento de 10 clusters específicos: producción automotriz, enseres domésticos, tecnologías de información y software, servicios médicos y ciencias de la vida, biotecnología, nanotecnología, agroindustria, vivienda y desarrollo sustentable, aeronáutica y multimedia (Ilustración 9).

Ilustración 9. Parque de Innovación e Investigación Tecnológica de Nuevo León.

Fuente: Página del PIIT
(http://piit.org.mx/piit.php).

Mérida también ha tenido un importante avance al respecto, actualmente se cuenta con seis incubadoras de alto impacto, cuatro aceleradoras, cuatro oficinas de transferencia tecnológica y en la Universidad Politécnica de Yucatán hay tres carreras del futuro, como big data, análisis de datos y robótica. El Parque Científico Tecnológico de Yucatán (PCTY) inició su desarrollo a finales del 2008 y tiene como objetivo establecer un espacio estratégico para promover la integración de los actores de la triple hélice (sector académico, gubernamental y empresas privadas), así como contribuir a la formación de capital humano en áreas estratégicas y dinamizar el desarrollo sustentable aprovechando el conocimiento científico y el desarrollo tecnológico (Ilustración 10). En los últimos 5 años se han implementado proyectos alineados a los sectores estratégicos del Estado:

- Agrobiotecnología
- Agua
- Ecología Marina, Acuacultura y Pesca Sustentable
- Energías
- Salud y Enfermedades Tropicales
- Física, Materiales y Nanomateriales
- Polímeros

- Tecnologías de la Información, Comunicación Electrónica y Telecomunicaciones
- Tecnología para la Sustentabilidad

Ilustración 10. Parque Científico Tecnológico de Yucatán.

Fuente: Página del PCTY (http://pcty.com.mx/biblioteca-central/).

Por otra parte, la Ciudad del Conocimiento y la Cultura de Hidalgo, ubicada en 178 hectáreas a las afueras de la ciudad de Pachuca, tiene como objetivo concentrar universidades con programas de alta calidad académica, empresas con alto grado tecnológico, vinculadas con centros de investigación, desarrollo e innovación (I+D+i), así como iniciativas culturales, que tiene como finalidad detonar una economía basada en el conocimiento (Ilustración 11). Las instituciones que se encuentran ya instaladas son:

- Instituto Politécnico Nacional (IPN)
- Centro de Investigación y Desarrollo en Agrobiotecnología Alimentaria del Estado de Hidalgo (CIDEA)

- Consorcio de Innovación Textil y Manufactura 4.0 (CITMA)
- Centro de Investigación e Innovación Tecnológica de la Cámara Nacional de la Industria de la Construcción (CMIC – ITC)
- Litoteca Nacional de la Industria de Hidrocarburos de la Comisión Nacional de Hidrocarburos
- Parque Científico y Tecnológico de la Universidad Autónoma del Estado de Hidalgo

Ilustración 11. Ciudad del Conocimiento y la Cultura de Hidalgo.

Fuente: Página de la Ciudad del Conocimiento de Hidalgo (http://ciudaddelconocimiento.hidalgo.gob.mx/pag/instituciones.html)

Y están delimitados los espacios para que se instalen:

- Unidad Hidalguense de Geociencias para la Sustentabilidad (UNAM)
- Servicio Sismológico Nacional (UNAM)
- Comarca Minera – Geoparque Hidalgo
- Servicio Geológico Mexicano (SGM)
- Agencia Espacial Mexicana (AEM)

Empresas que se instalarán en el área:

- Intel
- DUONS–México
- BioAps
- Petricore

Quien cuenta con las mejores características para alcanzar la visión de una Ciudad del Conocimiento, es sin lugar a dudas, la Ciudad de México (CDMX), la cual cuenta con una extensión territorial de 1,485 km2, es el corazón político y económico del país y la capital histórica y cultural. Su área metropolitana es la novena más poblada del mundo y la más poblada de Norteamérica. Ocupa el octavo sitio entre las ciudades más ricas del mundo, produciendo una derrama económica de 45 mil millones de pesos anuales, que representa la quinta parte del Producto Interno Bruto nacional y genera casi un millón de empleos directos e indirectos cada año. Además, es la entidad federativa con el mayor grado de alfabetización y concentra a la mayor proporción de personas con formación universitaria y de posgrado (UNAM, s.f.).

La Cd. de México concentra a casi el 50% de los miembros del Sistema Nacional de Investigadores (SNI-CONACYT) y alberga a los centros de educación superior y de investigación más importantes de nuestro país, entre ellos la Universidad

Nacional Autónoma de México, el Instituto Politécnico Nacional, el Centro de Investigación y de Estudios Avanzados del Instituto Politécnico Nacional, la Universidad Autónoma Metropolitana, El Colegio de México y diversas instituciones privadas de gran prestigio como el Instituto Tecnológico de Estudios Superiores de Monterrey, el Instituto Tecnológico Autónomo de México, la Universidad Iberoamericana, la Universidad del Valle de México entre otras. En estas Instituciones se produce aprox. el 60% de las publicaciones nacionales y más de las tres cuartas parte de las patentes mexicanas que se registran cada año. Estas características son ideales para constituirse como una Ciudad del Conocimiento y demostrar que la educación, la ciencia y la tecnología son herramientas indispensables para lograr un mejor nivel de vida entre las sociedades.

Desde el año 2008 se han establecido compromisos de parte del Gobierno y de la Iniciativa privada para la creación de "ciudades del conocimiento" en torno a los servicios financieros, la salud, las nuevas tecnologías y la educación, en diferentes zonas de la Ciudad de México donde se han asentado y desarrollado estas vocaciones. Estas "ciudades del conocimiento" se conceptualizaron con base en sus ventajas comparativas con respecto a otras metrópolis del continente americano, a fin de transformarla en una urbe generadora de tecnología, valor agregado y bienestar social. De acuerdo a estas consideraciones, la ciudad de servicios financieros especializados se ubicará al poniente del Distrito Federal, en el predio La Mexicana, Santa Fe, el último gran terreno propiedad del Gobierno de la Ciudad que queda en dicha zona. Las empresas Rand y Ascendas de Singapur, especialistas en parques tecnológicos, son las encargadas del diseño de dicho complejo.

La ciudad del conocimiento y desarrollo de las nuevas tecnologías se ubicará al norte de la metrópoli, en la zona industrial de Azcapotzalco, en la cual se impulsará el desarrollo de la nanotecnología mediante proyectos innovadores y el mejoramiento del entorno con el apoyo de los empresarios. En la zona industrial de Vallejo también se contempla fomentar la instalación de negocios de edición y desarrollo de software, así como de operaciones de logística, como oficinas de alquiler, renta de bodegas y centrales de mensajería. El proyecto contempla que toda la Metropoli constituya a la Ciudad Educadora, lo que significa que los Institutos y Universidades estarán vinculados entre sí. En el ámbito de la salud, el proyecto lo encabeza la UNAM y ha sido denominado Biometrópolis, está ubicado en un predio de 71 héctares, justo en el centro del agrupamiento médico– industrial–académico y de servicios de salud conformado hace más de seis décadas en el sur de la ciudad. Dicho campus pretende formar y articular a un nutrido grupo de investigadores de alto nivel que conlleve a un considerable avance en el desarrollo tecnológico a nivel mundial.

El proyecto del Campus Biometrópolis contempla:

- Hospitales para investigación y educación
- Laboratorios e instalaciones para investigación aplicada
- Nuevas empresas de base tecnológica
- Escuelas avanzadas de medicina, y
- Zonas habitacionales, comerciales y de servicios

Desafortunadamente el proyecto no se pudo llevar a cabo después de su planeación en el año 2009, aunque en la actualidad hay esfuerzos por parte de la iniciativa privada y del Gobierno de la Ciudad de México por retomar el proyecto y hacerlo realidad en un futuro próximo.

CAPÍTULO 2.
IMPACTO DE LA INNOVACIÓN EN LA PRODUCTIVIDAD Y COMPETITIVIDAD.

La productividad puede definirse como la relación entre la cantidad de bienes y servicios producidos y la cantidad de recursos utilizados para su producción. La competitividad es la capacidad para generar un producto o servicio similar al que ofrece la competencia, a un menor precio o de mejor calidad. La Innovación son las acciones o procesos que permiten mejorar la productividad y la competitividad.

Las empresas más competitivas, son innovadoras lo que les permite optimizar el uso de sus recursos y alcanzar un nivel alto de productividad.

En el presente capítulo se analizarán los modelos y procesos de innovación y su impacto en la productividad y competitividad de una organización.

2.1 EL PROCESO DE LA INNOVACIÓN.

La innovación es el proceso a través del cual se generan nuevos productos y servicios, o se modifican procesos de producción o administrativos orientados a generar valor para los clientes o usuarios. La innovación es el elemento clave para la competitividad.

Todo proceso de innovación parte de la identificación de necesidades, se debe definir en que se tiene que innovar para satisfacer dicha necesidad, un nuevo producto o servicio, un nuevo modelo organizativo o productivo, un cambio tecnológico en los procesos, etc. Las necesidades pueden ser determinadas por los clientes, los competidores o una nueva estrategia de marketing.

Dentro de un proceso de Innovación generalmente se llevan a cabo las siguientes actividades:

1. Identificación de necesidades u oportunidades. Es muy importante documentar las opiniones de clientes y personal para detectar necesidades o áreas de oportunidad.

2. Generación de ideas. Es importante involucrar a todo el personal y considerar todas las ideas que surjan del colectivo.

3. Evaluación de ideas. Una vez que se cuenta con un conjunto de ideas es importante priorizarlas en función de la visión de la empresa, el impacto esperado, el costo, la viabilidad, durabilidad, entre otros factores.

4. Definición de proyectos. Las ideas priorizadas se transforman en proyectos concretos, incluyendo: actividades, recursos, responsables y plazos.

5. Ejecución. En esta etapa se implementa el proyecto.

6. Seguimiento y Evaluación de Resultados. Es muy importante supervisar la implementación del proyecto para asegurar el cumplimiento de plazos y analizar los resultados obtenidos.

Debido a la importancia de la innovación para la competitividad de las organizaciones, se han desarrollado diversos Modelos de Innovación, entre los principales están:

- Modelo Lineal
- Modelo de Tirón de la Demanda
- Modelo por etapas
- Modelos interactivos o mixtos
- Modelo integrado
- Modelo de Red
- Modelo de la London Business School

2.2.1 Modelo Lineal.

El Modelo Lineal considera que el proceso de innovación inicia con la investigación básica, seguida por la investigación aplicada, que deriva en el diseño de un prototipo para culminar con la producción y comercialización de las innovaciones (Nuchera et al., 2002).

Este modelo tuvo su auge de 1950 a 1965, cuando se consideraba que la innovación dependía de la investigación básica, aunque en realidad la experiencia empírica ha demostrado que existen numerosas innovaciones que nacen a través del aprovechamiento de innovaciones aplicadas ya existentes.

La Ilustración 12 muestra el esquema del Modelo Lineal, también conocido como Inovation Technology Push.

Ilustración 12. Modelo Lineal del Proceso de Innovación.

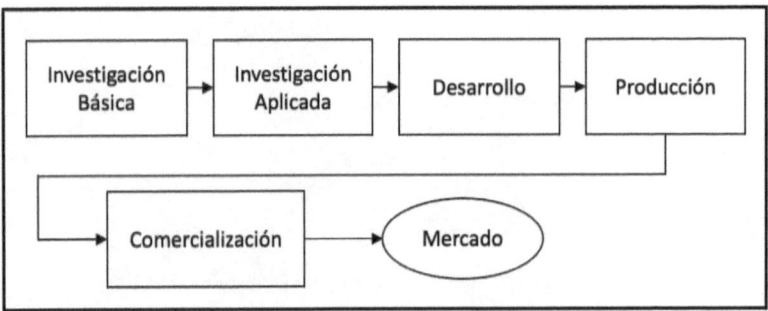

Fuente: Nuchera et al. (2002).

2.2.2 Modelo de Tirón de la Demanda.

En la década de 1960 y partiendo del Modelo Lineal, se prestó mayor atención al papel que tiene el mercado en el proceso de innovación y surgió el Modelo de Tirón de la Demanda o del Mercado (Market Pull).

De acuerdo con este modelo, las necesidades de los consumidores son la principal fuente de ideas para iniciar el proceso de innovación. El mercado se concibe como una fuente de ideas y la Investigación y Desarrollo (I+D) desempeña un papel meramente reactivo en el proceso de innovación, aunque juega un papel esencial como fuente de conocimiento para desarrollar o mejorar los productos y procesos (European Commission, 2004). En la Ilustración 13 se puede apreciar este modelo.

Ilustración 13. Modelo de Tirón de la Demanda.

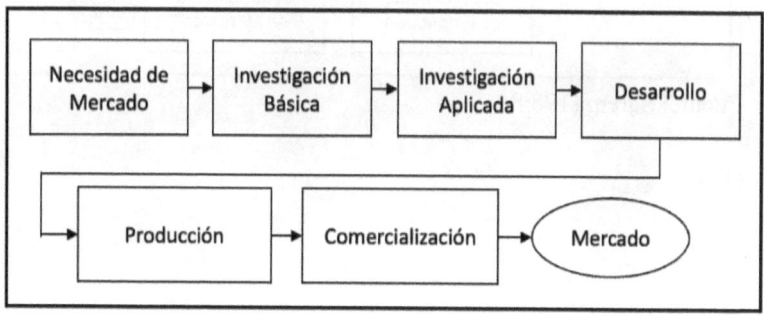

Fuente: Nuchera et al. (2002).

2.2.3 Modelo por Etapas.

El Modelo por Etapas considera que el proceso de innovación se lleva a cabo a través de los departamentos involucrados para la creación del nuevo producto o servicio. Toma en cuenta que una idea se convierte en la entrada para el Departamento de Investigación y Desarrollo (I+D), de ahí pasa al diseño, después a Ingeniería, producción, mercadeo y finalmente se obtiene el nuevo producto o servicio, como se puede apreciar en la Ilustración 14.

Ilustración 14. Modelo por Etapas.

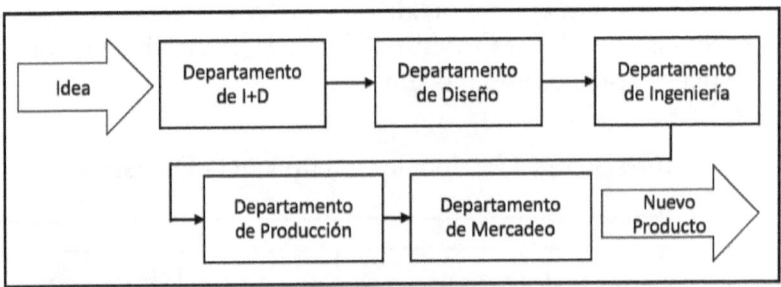

Fuente: Sarem (1984).

2.2.4 Modelos Interactivos o Mixtos.

De acuerdo a diversas investigaciones, por su simplicidad, los modelos lineales no explican importantes aspectos de los procesos de innovación (Nuchera et al, 2002).

El **Modelo de Marquis** se basa en que los procesos innovadores no proceden necesariamente del departamento de investigación y desarrollo, sino que pueden emanar de cualquier departamento de la organización: comercialización, ingeniería, producción, mantenimiento, etc. (ver Ilustración 15).

Ilustración 15. Modelo de Innovación tecnológica interactivo de Marquis.

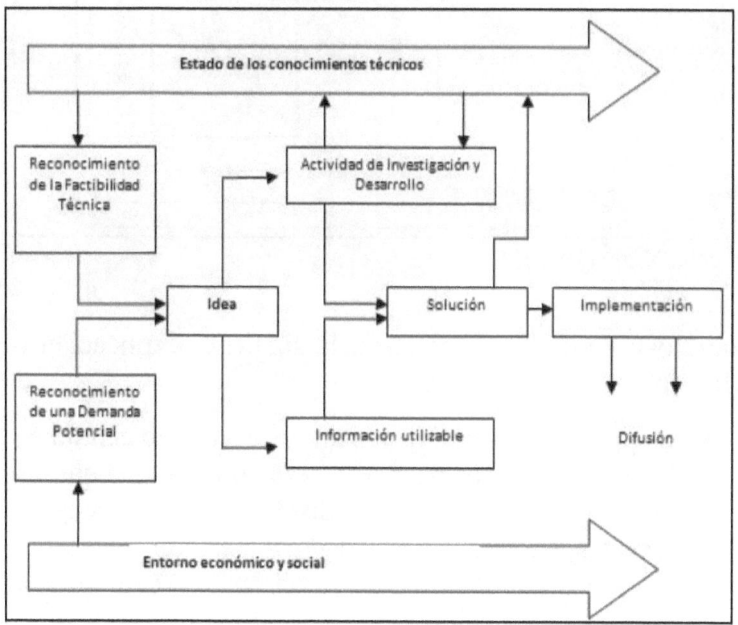

Fuente: Escorsa et al (2005).

El **Modelo de Kline** está estructurado con cinco rutas que conectan las tres áreas más relevantes del proceso innovador: la investigación, el conocimiento y la cadena central del proceso de innovación tecnológica (ver Ilustración 16).

Ilustración 16. Modelo de Innovación Tecnológica Interactivo de Kline.

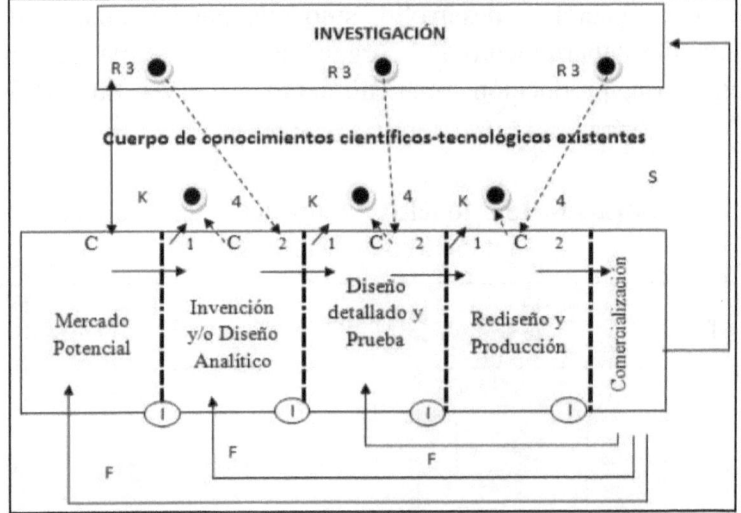

Fuente: Kline (1985).

Barreto y Petit (2017) plantean la siguiente explicación del Modelo de Kline:

- La primera trayectoria constituye el camino central de la innovación (flecha c), empieza con una idea que se materializa en un invento o diseño analítico, el cual, debe responder a la necesidad del mercado.

- En la segunda trayectoria existen varias retroalimentaciones:

    a) Entre cada etapa del camino central y la etapa anterior (círculos f)

b) Desde el producto final, que es posible presentar algunas deficiencias y obliga a realizar algunas correcciones en las etapas anteriores (flecha f)

c) Desde el producto final hasta el mercado potencial (flecha f)

Cada nuevo producto crea nuevas condiciones del mercado.

- La tercera trayectoria muestra el enlace con la investigación a través del uso de los conocimientos existentes.

Desde todas las fases del camino central se utilizan los conocimientos existentes (flecha 1-2) pero cuando no se ha conseguido la información que se busca, debe investigarse para encontrar la solución (Flecha 3-4). Por tal motivo, la investigación no suele ser la fuente directa de las innovaciones. Se percibe aquí la gran importancia de la **vigilancia tecnológica**. La organización debe conocer lo que investiga, lo que patenta, lo que se publica, las actividades de los competidores, las tecnologías que están emergiendo.

- La cuarta trayectoria muestra un enlace entre la investigación y la innovación, en el cual, los descubrimientos de la investigación pueden dar lugar a inventos, los cuáles se convertirán en innovaciones.

- El quinto trayecto presenta conexiones directas entre los productos y la investigación (Flechas S), como consecuencia de que algunas ocasiones los nuevos instrumentos hacen posibles investigaciones más complejas. La ciencia depende de la tecnología.

El Modelo propuesto por Kline relaciona la ciencia y la tecnología en todas partes del modelo y no sólo al principio, como hace el modelo lineal. El Modelo de Kline considera la innovación como una forma de encontrar y solucionar problemas, no como algo totalmente nuevo, como hacía creer el Modelo Lineal.

El **Modelo Mixto** desarrollado por Rothwell y Zegveld (1985) consiste en una serie de etapas que no necesariamente son consecutivas, que pueden ser independientes o interactivas entre sí, en las que se produce una comunicación tanto dentro como fuera de la organización. El modelo contempla una red compleja de canales de comunicación, internas y externas a la empresa, que unen las diferentes fases del proceso innovativo entre sí, con el mercado y con el conjunto de la comunidad científica; de esta forma, el proceso de innovación junto con las capacidades tecnológicas, las necesidades del mercado y el potencial de la empresa, permiten transformar la idea inicial en un producto final con mayor probabilidad de éxito (ver Ilustración 17).

Ilustración 17. Modelo de Innovación Tecnológica Mixto de Rothwell y Zegveld.

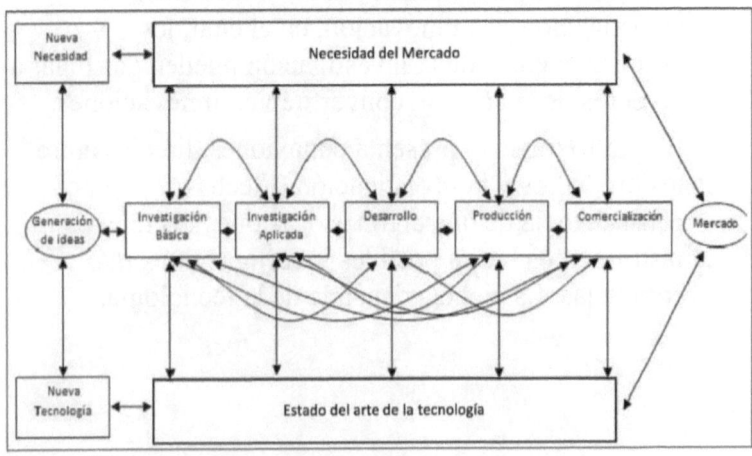

Fuente: Nuchera et al (2005).

2.2.5 Modelo Integrado.

El **Modelo Integrado** fue desarrollado por Rothwell en 1994, el cual considera que las fases de la innovación, sobre todo desde el punto de vista operativo o de gestión, deben ser consideradas mediante procesos no secuenciales; es decir, de procesos paralelos o simultáneos, como consecuencia de la necesidad de acortar el tiempo de desarrollo del producto para introducirlo al mercado.

La Ilustración 18 muestra un Modelo Integrado del Proceso de Innovación Tecnológica, que fue desarrollado y aplicado de forma pionera por la industria automotriz de Japón, específicamente en las empresas Toyota y Nissan.

Ilustración 18. Modelo de Innovación Tecnológica Integrado.

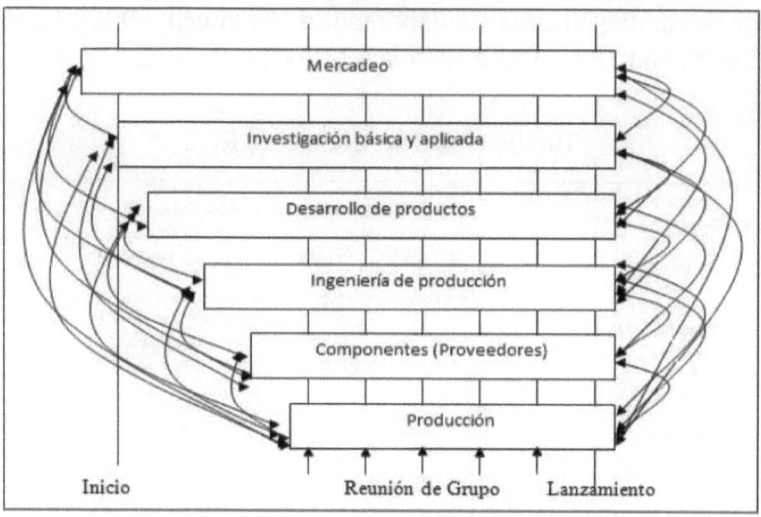

Fuente: Nuchera et al (2002) citado por Barreto y Petit (2017).

2.2.6 Modelo de Red.

El **Modelo de Red** se caracteriza por la utilización de herramientas electrónicas que permiten a la organización incrementar la velocidad y la eficiencia en el desarrollo de nuevos productos y procesos, tanto internamente, como externamente entre proveedores, clientes y colaboradores externos. Este modelo enfatiza la importancia que tienen las fuentes de información externas a la empresa: los clientes, proveedores, consultorías, dependencias gubernamentales, universidades, centros de investigación, entre otros; de tal forma que la innovación se genera a través de redes tecnológicas. Debido a que este modelo requiere de infraestructura tecnológica implica un costo considerable, sin embargo, los beneficios a largo plazo significan la eficiencia en el manejo de información en tiempo real a través de todo el sistema de innovación incluyendo funciones internas, proveedores, clientes y colaboradores (Rothwell, 1994). En la Ilustración 19 se puede apreciar el Modelo de Red.

Ilustración 19. Modelo de Red.

Aprendizaje de Recursos Externos

Sociedad,
Competidores,
Proveedores,
Distribuidores,
Usuarios / Clientes,
Alianzas
estratégicas,
Universidades,
Conocimiento,
Público, entre otros.

Utilización de recursos Internos

Mercadeo y Ventas	Finanzas
Proceso de innovación de producto como un proceso de acumulación de conocimientos para resolver problemas creados por necesidades articuladas.	
Ingeniería y Producción	Investigación y Desarrollo

Fuente: López et al (2009).

2.2.7 Modelo de la London Buisness School.

EL Modelo de la London Buisness School fue desarrollado por los investigadores Chiesa, Coughlan y Voss (1996), basándose en cuatro etapas o procesos medulares: generación de nuevos conceptos, desarrollo de nuevos productos o servicios, innovación en los procesos y la adquisición de tecnología. Este modelo está diseñado para ser utilizado mediante auditorías a la innovación y es denominado "sistémico", por considerar que la innovación no es un proceso secuencial, simple, de desarrollo de tecnología y comercialización posterior de la misma (Modelo lineal clásico), sino que se trata de un proceso complejo de creatividad e interacción del avance tecnológico con las necesidades del mercado, y que puede emerger en cualquier área de la organización (Ver Ilustración 20).

Ilustración 20. Modelo de Innovación de la London Business School.

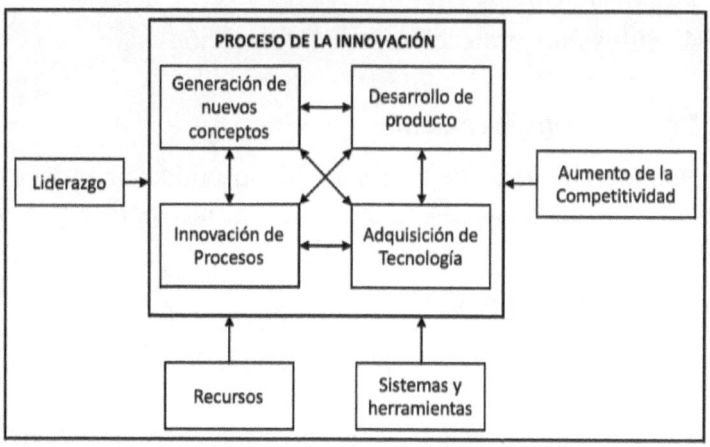

Fuente: Escorsa et al (2005).

2.2 HERRAMIENTAS DE LA INNOVACIÓN.

2.2.1 Inteligencia Competitiva

La **Inteligencia Competitiva** (IC) es una herramienta de la Dirección Estratégica, la cual se utiliza para la prospección o predicción de escenarios. La Sociedad de Profesionales de Inteligencia Competitiva (SCIP) en Estados Unidos define a la Inteligencia Competitiva como un proceso ético y sistemático de recolección de información, análisis y diseminación pertinente, precisa, específica, oportuna, predecible y activa, acerca del ambiente de negocios, de los competidores y de la propia organización, es decir, del entorno.

La Agencia Navarra de Innovación (ANAIN, 2008), propone un proceso de innovación que consta de cuatro etapas:

1. Definición de Necesidades
2. Búsqueda y selección de información
3. Tratamiento de la información
4. Difusión y protección de la información

1. Definición de Necesidades

Para la identificación de las fuentes de información se debe de realizar un diagnóstico que considere a la empresa y a los usuarios.

Análisis de la Empresa.

- Todos los elementos que componen la cadena de valor de la empresa.
- La estrategia de la organización: mercados, productos, clientes, etc.
- Antecedentes de la empresa, flujos de información, organigrama, etc.

Análisis de los usuarios.
- Quienes van a utilizar la información.
- Qué tipo de información les hace falta.

2. Búsqueda y selección de información

Existen diferentes fuentes de información:

- Periódicos y revistas
- Libros
- Tesis de posgrado
- Patentes
- Memorias de Congresos o Foros
- Ferias y Expos
- Proveedores
- Estudios de Mercado
- Entre otras.

Sin embargo, la principal fuente de información en la actualidad es la red de Internet, tanto por su accesibilidad como por la diversidad de fuentes e información a la que se tiene acceso.

A continuación, se mencionan algunas de sus ventajas y desventajas.

VENTAJAS	DESVENTAJAS
- Contiene una gran cantidad de información - Es fácil de acceder a ella - Se busca información muy fácilmente - Es una fuente disponible casi en cualquier momento	- La gran cantidad de información publicada - La veracidad de la información - Cualquiera puede publicar información que no sea fiable - Diferentes herramientas de búsqueda

- No existen fronteras ni barreras
- Entre otras.

- Ausencia de clasificaciones estandarizadas
- Entre otras

Es importante considerar algunos aspectos a la hora de buscar información en Internet:

- Autoría: si existen referencias sobre el autor o la institución que publica, así como los datos de contacto
- Objetividad
- Actualidad
- Accesibilidad

Antes de iniciar una búsqueda es importante definir una estrategia y para ello hay que considerar algunos aspectos:

- Tener muy claro el objetivo de la búsqueda y que tipo de información es la que se desea obtener
- Identificar palabras clave, sinónimos y variantes que faciliten la búsqueda de la información
- Intentar automatizar la búsqueda en la medida de lo posible
- Seleccionar las herramientas que se van a utilizar

3. Tratamiento de la Información

En primer lugar, es necesario confirmar que la información concuerda con las necesidades planteadas inicialmente y comprobar la pertinencia y veracidad de la información.

Para cerciorarse de la pertinencia y veracidad de la información es necesario considerar los siguientes aspectos:

- Comprobar que la fuente de información sea fiable
- Identificar la forma en que la fuente ha obtenido los datos (bases de datos consultadas, sistemas de cálculo, etc.)

- Establecer concordancias para la información obtenida con otras fuentes de información
- Cotejar la información con otros expertos
- Organizar y gestionar la información

Nota: es importante puntualizar la relevancia de cerciorarse de la veracidad de la información.

4. Difusión y protección de la información

El objetivo principal del proceso es asegurarse que la información sea compartida de manera horizontal y vertical, para que pueda ser utilizada y explotada por todas las áreas.

La Inteligencia Competitiva permite anticipar acontecimientos que impacten al negocio, minimizar riesgos, conocer mejor al mercado, a la competencia y a los clientes, posicionarse mejor en el mercado, así como descubrir innovaciones o iniciativas que produzcan un incremento del valor que la empresa aporta a sus clientes.

La **Inteligencia Competitiva** se apoya principalmente, en cuatro componentes de Vigilancia Estratégica:

Vigilancia del Entorno: Identificación, valoración y uso de la información sobre legislación, aspectos medioambientales y socioculturales.

Vigilancia Comercial: Identificación, valoración y anticipación de necesidades de consumo, estilo de vida y tendencias de demanda socioculturales.

Vigilancia Competitiva: Valoración de competidores e identificación y valoración de productos y servicios en desarrollo o disponibles en mercados líderes.

Vigilancia Tecnológica: Identificación, evaluación y uso de señales débiles para reconocer y advertir en una fase temprana, tecnologías emergentes, discontinuidades tecnológicas (innovaciones disruptivas o rupturistas), oportunidades y amenazas.

2.2.2 Vigilancia Tecnológica

La **Vigilancia Tecnológica** es un proceso organizado, selectivo y permanente, para captar información sobre ciencia y tecnología, tanto de la propia organización como del entorno; seleccionarla, analizarla, difundirla y comunicarla, para convertirla en conocimiento para tomar decisiones con menor riesgo y poder anticiparse a los cambios (Definición según norma UNE 166006:2011 Ex Gestión de la I+D+i: Sistema de Vigilancia Tecnológica e Inteligencia Competitiva).

El sistema de vigilancia tecnológica debe formar parte del sistema general de gestión de la organización, donde se consideren los medios y recursos para realizar la vigilancia tecnológica y promover una cultura innovadora (UNE 166000:2006).

La **Vigilancia Tecnológica** forma parte del proceso de **Inteligencia Competitiva** (IC) *"Proceso ético y sistemático de recolección y análisis de información acerca del ambiente de negocios, de los competidores y de la propia organización, y comunicación de su significado e implicaciones destinada a la toma de decisiones"* (UNE 166006, 2006).

De acuerdo a la Norma UNE 166002:2016, las fases de la Vigilancia Tecnológica son:

1. Identificación de los **factores críticos de Vigilancia**, las cuestiones externas a la organización cuya evolución es crucial para su competitividad: *tecnologías emergentes, competidores actuales y potenciales, desarrollo de los mercados y del entorno.*

2. Identificación de las **fuentes o tipos de información relevante** para seguir los factores críticos de vigilancia: formales (patentes, prensa, bases de datos, informes, publicaciones) o informales (conversaciones, apuntes, reuniones, congresos, ferias, exposiciones, encuestas, etcétera).

3. Elección de los medios de acceso y seguimiento de las fuentes de información, en muchos casos mediante software especializado o sistemas y servicios automatizados: control de estudios e informes de mercado, vigilancia de prensa, servicios de bases de datos, monitorización y rastreo de Internet, etcétera.

4. Ejecución regular de la búsqueda de información, mediante una estrategia sujeta a revisión constante.

5. Análisis, evaluación y organización, puesta en valor de la información obtenida, para sacar conclusiones útiles a la organización, en muchos casos también mediante software de análisis, tratamiento y presentación de datos.

6. Difusión selectiva de la información elaborada, por los canales y a las personas adecuadas.

Informes de organismos como la Organización Mundial de la Propiedad Intelectual y la Oficina Española de Patentes y Marcas, hacen mención que cuando muchas empresas llegan a tramitar el registro de una patente, se dan cuenta de que ya existen patentes similares registradas, lo que significa una gran pérdida para dichas empresas, perdida en tiempo, dinero, recursos humanos, materiales e infraestructura, recursos que pudieron haberse empleado en otros desarrollos más avanzados a partir de lo que ya habían desarrollado otros. Este hecho ilustra claramente el gran riesgo de no instrumentar un proceso de vigilancia tecnológica.

2.2.3 Benchmarking

El término Benchmarking Competitivo aparece por primera vez en 1979, cuando la empresa Xerox comienza a cuestionar su modelo de gestión, debido a que vendía sus productos y servicios por debajo de sus costos de producción; este acontecimiento marcó la pauta para el desarrollo del Benchmarking. Gracias a que examinaron exhaustivamente la composición de las máquinas de la competencia, encontraron nuevos elementos que abaratarían la fabricación de sus propias máquinas. A partir de ese momento, la compañía Xerox ordenó la implementación del Benchmarking en todas sus unidades del negocio (De Cárdenas, 2006).

Para David T. Kearns, Director General de Xerox Corporation, el Benchmarking es el proceso continuo de medir productos, servicios y prácticas contra los competidores más duros o aquellas compañías reconocidas como líderes en la industria.

Aunque la definición difiere de un autor a otro, podemos describir al benchmarking como un proceso a través del cual se toman como referencia los productos, servicios o procesos de trabajo de las empresas líderes, para compararlos con los de la propia empresa y posteriormente realizar mejoras e implementarlas. No se trata de copiar lo que hace la competencia, sino de analizarla para crear mejoras de acuerdo a nuestra propia realidad permitiéndonos ser más competitivos.

Tipos de Benchmarking

De acuerdo Spendolini (2005), los tipos de Benchmarking son:

- **Benchmarking Interno.**

Es cuando la compañía busca las mejores prácticas dentro de la propia empresa. Se comparan parámetros entre las distintas áreas o plantas de una misma organización. Se trata de aprender de los mejores equipos o áreas. En este tipo de

Benchmarking se da por hecho que existen diferencias entre los distintos procesos de trabajo de una misma organización como resultado de la ubicación de las áreas o plantas, de la historia local, de la organización, de la naturaleza de la administración y la de los distintos empleados.

- **Benchmarking externo**

Este tipo se divide a su vez en:

a) *Benchmarking competitivo*. Es la comparación de los estándares de una organización, con los de otras empresas (competidoras). Posiblemente sea el más complicado, ya que los competidores reservan sus ventajas competitivas para sí mismos. Su objetivo es identificar información específica y compararlos con los de su organización.

b) *Benchmarking genérico*. Es la comparación de los niveles de logros de una organización, con lo mejor que exista en cualquier parte del mundo, sin importar en que industria o mercado se encuentre. Consiste en la comparación de funciones o procesos afines con independencia del sector al que pertenecen sus empresas.

c) *Benchmarking funcional*. Si se desea superar a la competencia debemos realizar este tipo de benchmarking. El funcional, identifica la práctica más exitosa de otra empresa, sea o no competidora, pero que se considera líder en un área específica de interés. Comparar los estándares de la empresa con los de la industria a la que pertenece. Su objetivo es identificar las mejores prácticas de cualquier tipo de organización que posea una reputación de excelencia en el área específica que se esté sometiendo a benchmarking. Se lleva a cabo entre empresas de un mismo sector, pero que prestan servicios o suministran productos que no son competitivos directamente entre sí. Este tipo de actividad ha demostrado ser productiva, ya que fomenta un interés por la investigación y los datos compartidos.

Proceso de Benchmarking

El Benchmarking se puede dividir en cinco fases principales:

1. *Definición de Objetivos.* La definición de objetivos sirve para lograr claridad sobre los resultados esperados. Los objetivos de un proceso de Benchmarking podrían ser múltiples, pero siempre deben orientarse a la mejora de la posición competitiva de la organización.

2. *Diagnóstico Interno.* Consiste en la identificación de procesos claves de la empresa u organización. Cabe identificar aquellas áreas o procesos que se desea mejorar: competencias medulares de la organización, procesos centrales, o áreas críticas, de cuyo desempeño dependa la satisfacción de los clientes o usuarios. Para mantener el proyecto manejable es recomendable ser específico en la definición de objetivos, y dedicarse a unos pocos procesos clave, en vez de abarcar todas las áreas y procesos de la empresa u organización.

3. *Comparación.* El Benchmarking parte de una investigación para detectar las empresas u organizaciones que son conocidas en el área examinada y establecer así las mejores de su clase o representantes de las mejores prácticas. Cuando se busca a las empresas adecuadas hay que tener en cuenta también la facilidad y los costos de acceso a la información disponible. Si se quiere visitar a empresas u organizaciones de excelencia podría ser más factible seleccionarlos en la región que en otros estados o países. Igualmente es importante mirar más allá del propio rubro, y buscar las mejores prácticas también en otros sectores. El corazón del Benchmarking es la

recolección y análisis de la información referida a prácticas cuya adopción puede mejorar el desempeño de la organización, en las áreas seleccionadas.

4. **Definición de Actividades.** Una vez identificadas las buenas prácticas cabe analizar por qué otros consiguen mejores resultados. Por eso es preciso tener presente que las prácticas generalmente requieren una adaptación creativa al nuevo contexto. Además, hay que tener en cuenta los recursos disponibles para los cambios requeridos.

5. **Implementación.** El equipo técnico elabora un plan de implementación para aplicar las mejores prácticas identificadas. Toda la implementación tiene que ser monitoreada para medir los efectos y reajustar las medidas si es necesario.

Antún y Ojeda (2004) consideran que las empresas en el siglo XXI deben:

- Controlar todas las condiciones necesarias para realmente ofrecer y mantener la calidad de servicio esperada por los clientes.

- Reorganizar sus procesos y rediseñar estrategias competitivas globales para responder a las demandas de la competencia internacional.

Benchmarking Tecnológico

Como se vio anteriormente el Benchmarking se puede definir como *"la búsqueda de las mejores prácticas de la industria como oportunidad de obtención de un mayor rendimiento"*. Cuando se habla de **Benchmarking Tecnológico**, el estudio se enfoca a detectar las mejores prácticas en el uso de tecnología, tanto en procesos, productos o servicios. Los resultados permitirán a la empresa el desarrollar mejoras en el uso de tecnología en sus procesos productivos o administrativos, así como en sus propios productos o servicios.

Casos de Éxito

Starbucks

La famosa cadena de cafeterías Starbucks decidió emprender un estudio de benchmarking con una empresa que no tenía nada que ver con su sector o industria, Toyota. Aun así, presentaba un proceso de producción ejemplar que podría servirle para mejorar los tiempos que los empleados destinaban para realizar los pedidos de los clientes.

Durante el proceso, Starbucks pudo notar que gran parte del tiempo se perdía en la preparación de los cafés debido a la estructura de trabajo que tenían; los trabajadores tardaban mucho en agacharse o elegir los ingredientes para cada pedido, lo cual retrasaba la entrega.

Después de haber detectado el problema, Starbucks realizó un plan de mejoramiento en el que hizo uso de un nuevo diseño de su espacio de trabajo y de la disposición de los utensilios y las máquinas para la preparación de los productos. Si bien podría parecer un cambio sencillo, el acomodo de la estructura de sus cafeterías logró ahorrar 8 segundos en un proceso que les llevaba 45 segundos.

Xerox

La compañía Xerox Corporation fue la primera empresa en utilizar el benchmarking. A principio de los años 80 empresas como Minolta, Ricoh o Canon entre otras irrumpieron en el mercado norteamericano de las fotocopias e impresión, ofreciendo precios de venta al público mucho más económicos que los propios costos de producción de Xerox, por lo que representó un gran problema para Xerox.

Para resolver esta situación Xerox decidió analizar métodos, procesos, materiales y productos de su afiliada japonesa Fuji–Xerox. El estudio indicó que existía un gran retraso en todas las áreas estudiadas. Xerox pudo reaccionar rápido, marcando nuevos objetivos e Indicadores de Gestión o KPIs por sus siglas en inglés (Key Performance Indicators), para realizar el seguimiento adecuado. En los siguientes años Xerox adoptó el benchmarking como estrategia de mejora continua.

Nota: adaptado de Espinosa (2018).

Xcaret (Programa de reintroducción de la Guacamaya Roja)

Xcaret es un parque dedicado a la recreación turística sostenible desde 1990 y es un orgullo para México. Además de estar ubicado en el paraíso de la rivera maya y promover el patrimonio cultural del país, mantiene múltiples prácticas a favor del entorno, el bienestar animal y la vida silvestre en México.

Una de las más representativas de este lugar es que desde 1994 cuenta con el programa de reproducción de la guacamaya roja. Gracias a este programa es posible proveer de ejemplares, nacidos bajo cuidado humano, a las reservas de Chiapas y Veracruz, en coordinación con las autoridades ambientales y particularmente con organizaciones de la sociedad civil.

Además de un intenso trabajo para garantizar las condiciones que permitan la supervivencia de los especímenes en vida silvestre, se ha fomentado la conciencia de las comunidades locales para detener la captura y tráfico ilícito de la especie y despertar orgullo en torno a la emblemática ave.

Xcaret incluso ganó el premio del Boston College, convirtiéndose en una de las instituciones más respetadas en Responsabilidad Social Empresarial (RSE) siendo un referente en el cuidado de la vida silvestre y objeto de Benchmarking por diferentes empresas e instituciones.

Nota: adaptado de López (2019).

Cosméticos Tacoronte

La tienda de productos de belleza Cosméticos Tacoronte decidió llevar a cabo un análisis de la competencia con su competidor directo más reconocido (Ricky's, una tienda de la empresa Chiqui Chic).

Los datos recolectados durante dicho proceso de benchmarking se nutrieron en gran parte de una retroalimentación importante por parte de los clientes de ambas tiendas. Gracias a dicha información, Cosméticos Tacoronte pudo identificar los siguientes puntos débiles:

- Productos poco visibles
- Aspecto poco atractivo de la tienda
- Baja selección de productos
- Servicio al cliente pobre

Después de haber identificado dichos problemas, Cosméticos Tacoronte llevó a cabo una serie de cambios que le ayudaron a mejorar su rendimiento. Rediseñar la tienda, cambiar la posición de los productos y aumentar la oferta de los mismos fueron algunas de las mejoras que le permitieron a Cosméticos Tacoronte darle un nuevo impulso a su negocio.

Nota: adaptado de Quintana (2020).

Derivado de lo analizado en este tema podemos deducir que el Benchmarking es una herramienta muy importante para la mejora continua de una organización, a través del análisis de los "comparadores" o benchmarks establecidos para evaluar productos, servicios o procesos, se identifican características o buenas prácticas que permitan la mejora continua y la mejor satisfacción de los clientes.

2.2.4 Prospectiva Tecnológica

De acuerdo al Diccionario de la Real Academia Española, prospectiva es el conjunto de análisis y estudios realizados con el fin de explorar o de predecir el futuro en una determinada materia.

Para la Comisión Económica para América Latina y el Caribe (CEPAL), la prospectiva *"aporta teorías, métodos y herramientas útiles para la construcción de un futuro deseado. Supone movilizar capacidades sociales (técnicas, cognitivas, institucionales) para construir visiones compartidas del porvenir, identificar sus determinantes claves, así como los posibles elementos y factores tanto de ruptura como de continuidad. En breve, requiere disponer de las formas de organización y de acción necesarias para su consecución"* (CEPAL, 2020).

Los estudios enfocados a pronosticar el futuro o los posibles escenarios futuros han evolucionado a través del tiempo, según Mc Hale (1975), en el marco de la evolución conceptual de la disciplina, a inicios de los años setenta se aceptaban tres enfoques principales sobre la forma de investigar los posibles escenarios futuros: los estudios del futuro (futures studies), la planificación a largo plazo (long-range planning) y el pronóstico (forecasting). Tras un intenso debate conceptual, la comunidad académica concluyó que el término futures studies era el más adecuado para designar el campo de los escenarios futuros, por su elasticidad para incorporar diversos enfoques. En la Tabla 3 se presenta una síntesis de las principales escuelas y enfoques de los estudios prospectivos.

Tabla 3. Síntesis de las principales escuelas y enfoques de los estudios prospectivos.

Contexto	Décadas de 1940, 1950 y 1980	Décadas de 1970 y 1980	Décadas de 1990 y 2000
América del Norte	Planificación a largo plazo (Long Range Planning)	Pronóstico tecnológico (technological forecasting)	Futurización (futuring)
	Investigación de futuros (Futures Research)	Planificación de escenarios (scenario planning)	
Europa	Prospectiva (prospective)	Prospectiva estratégica (prospective strategique)	Prospectiva (foresight)
		Previsión humana y social (previsione umana e sociale)	Actividades prospectivas (forward-looking activities)
Entorno Internacional	Análisis de sistemas (systems análisis)	Dinámica de sistemas (systems dynamics)	Pensamiento sistémico (systems thinking)
		Elaboración de perspectivas (visioning)	Análisis sobre los futuros de la tecnología (technology futures análisis)
		Vigilancia tecnológica (technological	Análisis

watch, competitive technical intelligence)	tecnológico orientado al futuro (future-oriented technology análisis) Análisis de horizontes (horizon scanning)

Fuente: Medina (2012).

En la actualidad los estudios del futuro incluyen una serie de escuelas, tales como la investigación de futuro, el pronóstico tecnológico, la prospectiva, la planificación por escenarios, la previsión humana y social, los estudios globales, los estudios de visión, el análisis de sistemas, entre otras. Entre éstas las más sólidas a nivel conceptual y metodológico son: el foresight de corte anglosajón, nacida de la evaluación de las posibilidades tecnológicas y, por otra parte, la prospectiva francesa y latina, más impregnada por la filosofía de la acción (Miles, 2008 y 2010; Godet y Durance, 2011).

Para Berger (1957 y 1967), la prospectiva pretende generar una visión de futuro con cinco características básicas:

1. Mirar mejor (una visión de futuro de alta calidad);
2. Mirar más lejos (una visión a largo plazo, es decir, más allá de diez años);
3. Mirar de manera amplia, o sea, de forma sistémica;
4. Ver con profundidad, de modo que se pueda trabajar con investigación y fundamentos sólidos, con sustentación y rigor en la información y el conocimiento de que se alimenta la toma de decisiones,

5. También ver distinto, con nuevas ideas y con los riesgos inherentes a lo nuevo, a la ruptura de los hábitos, así como proponer nuevas formas de pensar o nuevos conceptos en que la sociedad no había pensado antes.

Bajo una perspectiva diferente, pero que se podría considerar complementaria, Bertrand de Jouvenel (1967), considera que la anticipación es la exploración de los futuros posibles, probables y deseables. Desde este punto de vista, la prospectiva puede entenderse como un proceso intelectual por el que se representa lo que puede suceder, o sea, los escenarios futuros posibles. Pero también permite identificar los futuros que tienen mayores probabilidades de acontecer, o sea, los futuros probables, e incluso los que se desea que ocurran, es decir, los futuros deseables. Los futuros posibles y probables se determinan al percibir la realidad de manera objetiva e intersubjetiva. Bajo esta perspectiva la prospectiva no se limita a determinar hechos probables, sino que también se pueden diseñar múltiples caminos hacia el futuro.

Prospectiva Tecnológica

Permite la identificación de líneas tecnológicas clave para la organización, así como de datos relevantes sobre el desarrollo previsible de dichas líneas.

De acuerdo a la Cámara de Comercio de España la prospectiva tecnológica pretende observar a largo plazo el futuro de la ciencia, la tecnología, la economía y la sociedad con el propósito de identificar las tecnologías emergentes que, probablemente, produzcan mayores beneficios económicos y sociales. El objetivo de la prospectiva tecnológica es el análisis de los escenarios de evolución de las tecnologías, incluyendo la posibilidad de aparición de otras radicalmente nuevas, así como los factores que condicionan esos escenarios.

Proceso de Prospectiva Tecnológica

El proceso está formado por dos actividades principales: la recogida y el posterior análisis de la información. El valor del proceso general para cada organización dependerá de cómo se realicen ambas actividades, cómo se aprovechen los métodos o técnicas y hasta qué punto se siga el proceso hasta sus recomendaciones y acciones. Se suelen aplicar en procesos iterativos o paralelos. No resulta necesario completar todo el proceso para poder apreciar los potenciales beneficios, por lo que el proceso se refuerza a sí mismo y promueve futuras iteraciones.

Actividad 1: Recogida de información relevante

Los aspectos principales a considerar son:

¿Qué informaciones y qué tipo de datos resultan relevantes?

¿Qué fuentes de información se deben usar?

¿Hasta qué punto son necesarias?

¿Qué sistemas es necesario organizar para conseguir información y datos tecnológicos?

Algunas de las decisiones prácticas que surgen de analizar estos temas son:

¿Qué fuentes de información hay que revisar?

¿Cuál es el procedimiento correcto para revisarlas?

¿A qué conferencias y ferias comerciales hay que asistir?

¿Cómo hay que compartir información?

¿Quién debería participar y en qué redes?

¿Cómo se puede aprovechar al máximo la experiencia individual relevante?

¿Qué datos internos hay que recopilar y qué datos externos hay que conseguir?

¿Cómo hay que hacer un seguimiento de los parámetros de los productos de la competencia?

Actividad 2: Análisis de los datos

Los datos se analizan por expertos individuales siguiendo diferentes métodos o técnicas. Los temas principales a tratar son:

¿Qué informaciones se deben analizar?

¿Qué métodos o técnicas resultan adecuadas?

¿Qué criterios u objetivos se deben emplear en los análisis?

¿Qué datos se deben utilizar o resultan relevantes?

¿Quiénes son las personas relevantes para aplicar los métodos o técnicas a los datos?

Las decisiones que surjan de analizar estos temas podrían tener como resultado un mayor conocimiento de los expertos, dentro y fuera de la organización, unos objetivos formulados de un modo más riguroso y una mayor comprensión del valor de la Prospectiva Tecnológica en general.

Los métodos o técnicas formales de Prospectiva Tecnológica siguen procedimientos estándar conocidos. Los métodos o técnicas específicas de Prospectiva Tecnológica se dividen en dos categorías principales:

- los métodos o técnicas exploratorias
- los métodos o técnicas normativas

Métodos o técnicas exploratorias

Los métodos o técnicas exploratorias se centran principalmente en el análisis de datos históricos sobre atributos concretos tales como resultados funcionales, parámetros técnicos, resultados económicos, etc., comparados siempre dentro de un marco temporal. Dado que se supone que el progreso de la tecnología no es causado por el azar, es posible generar curvas o modelos de evolución de ciertos parámetros. A partir de los datos y de los modelos se pueden establecer prospecciones con diferentes niveles de certeza.

Sin embargo, se producen cambios y no se debe obviar la influencia e impacto de factores nuevos o inesperados (crisis, guerras, factores políticos, etc.)

Algunos ejemplos de métodos o técnicas exploratorias relevantes son:

- Las curvas en S
- Los ciclos
- La extrapolación de tendencias

Todas ellas se apoyan en una gran cantidad de datos estadísticos, que pueden o no estar disponibles de forma gratuita.

Métodos o técnicas normativas

Los métodos o técnicas normativas empiezan proponiendo el estado deseado o posible (en el futuro), así como la satisfacción de una necesidad de mercado o el logro de un desarrollo tecnológico. A partir de este punto, trabajan hacia atrás para determinar los pasos necesarios hasta conseguir el resultado requerido. El número de caminos predecibles de desarrollo desde la posición actual hasta el objetivo podría variar desde «ninguno», lo que implicaría el desarrollo de una tecnología totalmente nueva, hasta «varios», recorriendo tecnologías más o menos embrionarias o maduras. Cada camino factible hasta el objetivo se analiza por su relevancia y dificultad.

Algunos ejemplos de métodos o técnicas normativas relevantes son:

- Los árboles de relevancia.
- El análisis morfológico.
- Vigilancia y monitorización tecnológica.
- El análisis Delphi.
- El análisis del impacto de las tendencias.
- La sustitución tecnológica.

La información necesaria para estas técnicas probablemente sea más específica de cada organización que la información necesaria para las técnicas exploratorias. En particular, la vigilancia tecnológica necesita una actitud proactiva para ayudar a la organización a identificar y establecer enlaces con las fuentes más útiles de información y opinión. En general las fuentes se encontrarán en la vanguardia de la actividad innovadora.

Los 10 principales métodos o técnicas de Prospectiva

Como se ha analizado anteriormente, la Prospectiva Tecnológica no utiliza un listado de técnicas o métodos específicos o únicos, sino que es abierto y cada uno de ellos evoluciona con el tiempo. A continuación, se enlistan los 10 principales métodos o técnicas utilizadas en los ejercicios de Análisis Prospectivo.

1. Método DELPHI
2. Método de Extrapolación de Tendencias
3. Método de Brainstorming o Tormenta de Ideas
4. Método de Panel de Expertos
5. Método de Árboles de Relevancia
6. Método de Análisis Morfológico
7. Método de Análisis estructural
8. Método de Impacto Cruzado
9. Método de Mapas de Trayectorias Tecnológicas (TRM-Technology Roadmaps)
10. Método de Juegos de Actores

2.3 LA PROTECCIÓN DE LAS INNOVACIONES.

El conocimiento se ha convertido en el fundamento de la competitividad. Del mismo modo que cuando apareció la electricidad las empresas tuvieron que adaptar sus estructuras y procesos a esta nueva manera de producir, y las que no pudieron hacerlo desaparecieron, ante la actual explosión de las tecnologías de la información y comunicación (TIC), las empresas deben adaptarse a la nueva forma de hacer las cosas mediante TIC e Internet o desaparecerán. En la actualidad hay dos factores capitales para la supervivencia y el éxito de las empresas: la capacidad de anticipación y la capacidad de adaptación. La primera garantiza el éxito de la empresa y sin la segunda es imposible sobrevivir (Sanz-Magallón, 2000). Esta reflexión nos permite valorar la importancia del conocimiento para las empresas contemporáneas, se debe de priorizar el cuidado y protección del conocimiento y las innovaciones para poder ser competitivos, de lo contrario lo más seguro es que desaparecerá.

La propiedad intelectual (PI) se relaciona con las creaciones del intelecto humano: invenciones, obras literarias y artísticas, así como símbolos, nombres e imágenes utilizados en el comercio. La legislación protege la PI, por ejemplo, mediante las patentes, el derecho de autor y las marcas, que permiten obtener reconocimiento o ganancias por las invenciones o creaciones.

La Organización Mundial de la Propiedad Intelectual (OMPI), es el foro mundial en lo que atañe a servicios, políticas, cooperación e información en materia de propiedad intelectual (PI). Es un organismo de las Naciones Unidas, autofinanciado, que cuenta con 193 Estados miembros. La misión de la OMPI es llevar la iniciativa en el desarrollo de un sistema internacional de PI equilibrado y eficaz, que permita la innovación y la creatividad en beneficio de todos (OMPI, 2021).

De acuerdo a la OMPI, la Propiedad Intelectual se divide principalmente en dos ramas: La propiedad industrial y el Derecho de Autor.

Derecho de Autor

En la terminología jurídica, la expresión derecho de autor se utiliza para describir los derechos de los creadores sobre sus obras literarias y artísticas. Las obras que abarca el derecho de autor van desde los libros, la música, la pintura, la escultura y las películas hasta los programas informáticos, las bases de datos, las publicidades, los mapas y los dibujos técnicos.

La legislación no suele contener una lista exhaustiva de las obras que ampara el derecho de autor. No obstante, en términos generales, la OMPI refiere que algunas de las obras habitualmente protegidas por el derecho de autor en todo el mundo están las siguientes:

- las obras literarias como las novelas, los poemas, las representaciones escénicas, las obras de referencia, los artículos periodísticos;
- los programas informáticos y las bases de datos;
- las películas, las composiciones musicales y las coreografías;
- las obras artísticas como los cuadros, los dibujos, las fotografías y las esculturas;
- la arquitectura; y
- los anuncios, los mapas y los dibujos técnicos.

El derecho de autor abarca dos tipos de derechos:

- *los derechos patrimoniales*, que permiten que el titular de los derechos obtenga compensación financiera por el uso de sus obras por terceros; y
- *los derechos morales*, que protegen los intereses no patrimoniales del autor.

En la mayoría de los casos, en la legislación de derecho de autor se estipula que el titular de los derechos goza del derecho patrimonial a autorizar o impedir determinados usos de la obra o, en algunos casos, a recibir una remuneración por el uso de la obra (por ejemplo, por medio de la gestión colectiva). El titular de los derechos patrimoniales de una obra puede prohibir o autorizar:

- la reproducción de su obra de varias formas, como la publicación impresa o la grabación sonora;
- la interpretación o ejecución públicas, por ejemplo, en una obra dramática o musical;
- la grabación de la obra, por ejemplo, en forma de discos compactos o DVD;
- la radiodifusión de la obra por radio, cable o satélite;
- la traducción de la obra a otros idiomas; y
- la adaptación de la obra, como en el caso de una novela adaptada para un guion.

Entre los ejemplos de derechos morales universalmente reconocidos están el derecho a reivindicar la paternidad de la obra y el derecho a oponerse a toda modificación de la obra que pueda perjudicar la reputación del creador.

Propiedad Industrial

Existen muchas formas de interpretar la "propiedad industrial", pero la Organización Mundial de la Propiedad Industrial (OMPI) resume los principales tipos en: las patentes de invención, los diseños industriales (creaciones estéticas relacionadas con el aspecto de los productos industriales), las marcas de fábrica, las marcas de servicio, los esquemas de trazado de circuitos integrados, los nombres y las denominaciones comerciales, las indicaciones geográficas y la protección contra la competencia desleal. En algunos casos no se aprecian tan bien las cualidades propias de una "creación intelectual", aun estando presentes. Lo importante es comprender que los objetos de propiedad industrial consisten en signos que transmiten información, en particular a los consumidores, en relación con los productos y servicios disponibles en el mercado. La protección tiene por finalidad impedir toda utilización no autorizada de dichos signos, que pueda inducir a error a los consumidores, así como toda práctica que induzca a error en general.

Patentes

Una patente es un derecho exclusivo que se concede sobre una invención. En términos generales, una patente faculta a su titular a decidir si la invención puede ser utilizada por terceros y, en ese caso, de qué forma. Como contrapartida de ese derecho, en el documento de patente publicado, el titular de la patente pone a disposición del público la información técnica relativa a la invención.

En principio, el titular de la patente goza del derecho exclusivo a impedir que la invención patentada sea explotada comercialmente por terceros. La protección por patente significa que una invención no se puede producir, usar, distribuir con fines comerciales, ni tampoco vender, sin que medie el consentimiento del titular de la patente.

Las patentes son derechos territoriales. Por lo general, los derechos exclusivos correspondientes solo tienen validez en el país o la región en los que se ha presentado la solicitud y se ha concedido la patente, de conformidad con la normativa de ese país o esa región.

La protección se concede por un período limitado, que suele ser de 20 años a partir de la fecha de presentación de la solicitud.

La OMPI ofrece un portal de registro de patentes a través de la cual se puede acceder registros y boletines de patentes en línea y a la información relacionada con el estado legal de más de 200 jurisdicciones y colecciones de información de patentes. Es una excelente herramienta para investigar e identificar qué información se puede recuperar en línea y cómo acceder a ella. La dirección electrónica de dicho portal es: https://www.wipo.int/patent_register_portal/en/

Marca

Una marca es un signo que permite diferenciar los productos o servicios de una empresa de los de las demás. Las marcas se remontan a los tiempos en que los artesanos reproducían sus firmas o "marcas" en sus productos.

En el plano nacional o regional, una marca puede protegerse registrándola, esto es, presentando una solicitud de registro en la oficina nacional o regional de marcas y abonando las tasas correspondientes.

En principio, el registro de marca confiere al titular el derecho exclusivo a utilizarla. Es decir, la marca podrá ser utilizada exclusivamente por el titular, o ser concedida en licencia a un tercero a cambio de un pago. El registro de marca ofrece seguridad jurídica y refuerza la condición del titular del derecho, por ejemplo, en caso de litigio.

El período de validez del registro de una marca puede variar, pero normalmente es de diez años, renovable indefinidamente abonando tasas adicionales. Los derechos de marca son derechos privados cuya protección se hace valer en los tribunales.

Las marcas pueden consistir en una palabra o una combinación de palabras, letras y cifras. Pueden consistir asimismo en dibujos, símbolos, características tridimensionales, como la forma y el embalaje de los productos, signos no visibles, como sonidos, fragancias o tonos de color utilizados como características distintivas; las posibilidades son casi ilimitadas.

WIPO PROOF es un nuevo servicio digital que proporciona una huella digital de tiempo aplicable a cualquier archivo, que sirve para probar su existencia en una fecha y hora determinadas. Este nuevo servicio complementa los sistemas de propiedad intelectual (PI) de la OMPI. Está concebido especialmente para el mundo actual, de creciente carácter digital, en el que la tecnología, los macrodatos y la colaboración global propician la innovación y la creatividad.

Diseños Industriales

Un diseño industrial (dibujo o modelo industrial) constituye el aspecto ornamental o estético de un artículo. El diseño puede consistir en rasgos tridimensionales, como la forma o la superficie de un artículo, o en rasgos bidimensionales, como motivos, líneas o colores.

Los dibujos o modelos industriales se aplican a una amplia variedad de productos de la industria y la artesanía, que van desde instrumentos técnicos y médicos hasta relojes, joyas y otros artículos de lujo; desde electrodomésticos y aparatos eléctricos hasta vehículos y estructuras arquitectónicas, y desde materiales textiles hasta bienes recreativos.

Los dibujos y modelos industriales hacen que un producto sea atractivo y llamativo; por consiguiente, aumentan el valor comercial del producto, así como sus posibilidades de venta.

La protección de un dibujo o modelo industrial ayuda a incrementar el rendimiento del capital invertido. Un sistema eficaz de protección beneficia asimismo a los consumidores y al público en general, pues fomenta la competencia leal y las prácticas comerciales honestas.

La protección de los dibujos y modelos industriales contribuye a fomentar el desarrollo económico, alentando la creatividad en los sectores industriales y manufactureros, y contribuye a la expansión de la actividad comercial y al fomento de la exportación de productos nacionales.

En la mayoría de los países, el dibujo o modelo debe registrarse a fin de estar protegido por la legislación que rige los dibujos y modelos industriales. Dependiendo de la legislación nacional de que se trate, y del tipo de dibujo o modelo, este también puede recibir protección como dibujo o modelo no registrado o como obra de arte en virtud del derecho de autor. En algunos países, coexiste la protección por derecho de autor con la protección de los dibujos y modelos industriales. En otros, se excluyen mutuamente: una vez que el titular ha optado por un tipo de protección no podrá acogerse a la otra.

En determinadas circunstancias, un diseño industrial también puede ser objeto de protección por las leyes de competencia desleal, si bien las condiciones de protección y los derechos y recursos ofrecidos pueden variar considerablemente.

Indicación Geográfica y Denominación de Origen

Una indicación geográfica es un signo utilizado para productos que tienen un origen geográfico concreto y cuyas cualidades, reputación o características se deben esencialmente a su lugar de origen. Por lo general, la indicación geográfica consiste en el nombre del lugar de origen de los productos.

Para constituir una indicación geográfica, un signo debe identificar un producto como originario de un lugar determinado. Además, es preciso que las cualidades, características o reputación del producto se deban esencialmente al lugar de origen. Puesto que las cualidades dependen del lugar geográfico de producción, existe un claro vínculo entre el producto y su lugar original de producción.

Por lo general, la protección de las indicaciones geográficas se obtiene mediante la adquisición de un derecho sobre el signo que constituye la indicación. Un derecho de indicación geográfica permite a quienes están facultados para utilizar la indicación impedir su uso a un tercero cuyo producto no se ajuste a las normas aplicables. Por ejemplo, en las jurisdicciones en las que se protege la indicación geográfica Darjeeling, los productores de té Darjeeling pueden excluir el uso de la palabra "Darjeeling" para el té que no se haya cultivado en las plantaciones de té de Darjeeling o que no se haya producido de acuerdo con las normas establecidas en el código de prácticas de la indicación geográfica Darjeeling. Ahora bien, una indicación geográfica protegida no faculta a su titular a impedir que alguien elabore un producto utilizando las mismas técnicas que las que se establecen en las normas de la indicación geográfica.

Habitualmente, las indicaciones geográficas se utilizan para los productos agrícolas, los alimentos, los vinos y las bebidas espirituosas, la artesanía y los productos industriales.

Existen tres formas principales de proteger una indicación geográfica:

- los denominados sistemas sui géneris (regímenes especiales de protección);
- las marcas colectivas o de certificación; y
- las modalidades centradas en las prácticas comerciales, incluidos los regímenes administrativos de aprobación de productos.

Estos enfoques entrañan diferencias en cuestiones importantes, como las condiciones de protección o el alcance que esta tiene. Por otra parte, dos de las modalidades de protección, es decir, los sistemas sui generis y las marcas colectivas o de certificación, comparten algunas características comunes, como el hecho de que establecen derechos de uso colectivo para quienes cumplan las normas definidas.

Por lo general, las indicaciones geográficas reciben protección en diferentes países y regiones mediante gran variedad de sistemas, y con frecuencia utilizando una combinación de dos o más de los sistemas indicados anteriormente. Tales sistemas se han elaborado con arreglo a distintas tradiciones jurídicas y en el marco de condiciones históricas y económicas particulares.

Desde el queso Gruyère de Suiza hasta el Tequila de México, las indicaciones geográficas y las denominaciones de origen son un rasgo común de la vida cotidiana. No sólo permiten a las empresas potenciar el valor de sus productos, únicos desde el punto de vista geográfico, sino que también informan y atraen a los consumidores.

La denominación de origen es un tipo especial de indicación geográfica. El término se utiliza en el Convenio de París y se define en el Arreglo de Lisboa.

Tanto las denominaciones de origen como las indicaciones geográficas requieren la existencia de un vínculo cualitativo entre el producto al que se refieren y su lugar de origen. Ambas informan a los consumidores sobre el origen geográfico de un producto y una cualidad o característica del producto vinculada a su lugar de origen. La diferencia fundamental entre las dos expresiones es que el vínculo con el lugar de origen debe ser más estrecho en el caso de la denominación de origen. La calidad o las características de un producto protegido como denominación de origen deben ser exclusivas o esencialmente consecuencia de su origen geográfico. En general, esto significa que las materias primas deben proceder del lugar de origen y que el producto debe ser procesado también allí. En el caso de las indicaciones geográficas, basta con que se cumpla un único criterio atribuible a su origen geográfico, ya sea una cualidad u otra característica del producto, o sólo su reputación. Además, la producción de las materias primas y la elaboración o transformación de un producto con indicación geográfica no tienen que llevarse a cabo necesariamente en su totalidad en la zona geográfica definida.

La expresión denominación de origen suele utilizarse frecuentemente en las leyes que establecen un derecho específico y un sistema de protección de las indicaciones geográficas, en los denominados sistemas sui generis de protección (véase el capítulo sobre la manera de obtener la protección de las indicaciones geográficas). La expresión indicación geográfica es un concepto más general que no determina un modo específico de protección.

Secretos Industriales

Los secretos comerciales son derechos de propiedad intelectual PI sobre información confidencial que pueden ser vendidos o concedidos en licencia. La adquisición, utilización o divulgación no autorizada de esa información secreta de manera contraria a los usos comerciales honestos por otras personas se considera una práctica desleal y una violación de la protección del secreto comercial.

Por lo general, para considerarse secreto comercial, la información debe ser:

- valiosa desde el punto de vista comercial puesto que es secreta,

- conocida únicamente por un número limitado de personas, y

- objeto de medidas razonables para mantenerla en secreto por parte de la persona que legítimamente la controla, incluido el uso de acuerdos de confidencialidad entre asociados y empleados.

La adquisición, utilización o divulgación no autorizada de esa información secreta de manera contraria a los usos comerciales honestos por otras personas se considera una práctica desleal y una violación de la protección del secreto comercial.

Por lo general, toda información comercial confidencial que otorgue a una empresa una ventaja competitiva y sea desconocida para otros puede estar protegida como secreto comercial. Los secretos comerciales abarcan tanto la información técnica, tal como la información relativa a los métodos de fabricación, los datos de prueba de productos farmacéuticos, los diseños y dibujos de programas informáticos, como la información comercial, tal como los métodos de distribución, la lista de proveedores y clientes y las estrategias publicitarias.

Un secreto comercial también puede ser una combinación de elementos, que por separado forman parte del dominio público, pero cuya combinación, que se mantiene en secreto, constituye una ventaja competitiva.

Otros ejemplos de información que puede estar protegida por secretos comerciales incluyen la información financiera, las fórmulas y las recetas, y los códigos fuente.

En función del sistema jurídico, la protección de los secretos comerciales forma parte del concepto general de protección contra la competencia desleal o se basa en disposiciones específicas o en la jurisprudencia relativa a la protección de la información confidencial.

Aunque la decisión final sobre la existencia o no de violación del secreto comercial depende de las circunstancias de cada caso, por lo general, se considera que el espionaje industrial o comercial, el incumplimiento contractual y el abuso de confianza constituyen prácticas desleales respecto de la información secreta.

El titular de un secreto comercial, no obstante, no puede impedir que otras personas utilicen la misma información técnica o comercial, si estas adquirieron o desarrollaron dicha información de manera independiente por su propia cuenta a través de su labor de I+D, la ingeniería inversa o el análisis de los mercados, etc. Dado que los secretos comerciales no se dan a conocer públicamente, no ofrecen una protección "preventiva", a diferencia de las patentes, puesto que no forman parte del estado de la técnica. Por ejemplo, si un proceso específico para la producción del Compuesto X se ha protegido mediante un secreto comercial, otra persona puede obtener una patente o un modelo de utilidad respecto de la misma invención, si el inventor llegó a la invención de manera independiente.

INSTITUTO MEXICANO DE LA PROPIEDAD INDUSTRIAL (IMPI)

El Instituto Mexicano de la Propiedad Industrial (IMPI) es un organismo público descentralizado con personalidad jurídica y patrimonio propios, el cual tiene, entre otras, la facultad de coordinarse con instituciones públicas y privadas, nacionales e internacionales, que tengan por objeto el fomento y protección de los derechos de propiedad industrial, la transferencia de tecnología, el estudio y la promoción del desarrollo tecnológico y la innovación; propiciar la participación del sector industrial en el desarrollo y aplicación de tecnologías que incrementen la calidad, competitividad y productividad, así como tramitar y, en su caso, otorgar patentes de invención, registros de modelos de utilidad, diseños industriales, esquemas de trazado de circuitos integrados, marcas y avisos comerciales, y emitir declaratorias de notoriedad o fama de marcas, además de declaraciones de protección a denominaciones de origen e indicaciones geográficas.

En la actualidad la mayoría de los trámites se pueden realizar de manera virtual a través de la página del IMPI: https://www.gob.mx/impi

Ilustración 21. Imagen de la página de IMPI.

Fuente: www.gob.mx/impi

Uno de los servicios que ofrece el IMPI es la búsqueda de
marcas, el cual lo denominan: MARCia–Inteligencia Artificial
para marcas (ver Ilustración 22).

Ilustración 22. Buscador de Marcas: MARCia.

Fuente:
https://www.gob.mx/cms/uploads/action_program/main_image/24797
/post_MARCia.jpg

Se puede acceder al Buscador de Marcas MARCia a través del siguiente link: https://www.gob.mx/impi/acciones-y-programas/marcia-265449

Base de datos de patentes del IMPI

Se trata de una de las fuentes más valiosas para que obtengas información tecnológica sobre documentos de solicitudes de patentes, así como de patentes otorgadas. Para tener acceso debes plantear previamente una estrategia asertiva de búsqueda que contengan palabras clave que te ayuden a localizar la información que buscas.

Durante este proceso, es importante que identifiques las ventajas y herramientas que cada una de las bases te ofrece. Por ejemplo:

- la descarga de documentos
- los vínculos a referencias
- y la descripción de la Clasificación Internacional de Patentes (CIP).

En toda actividad industrial, comercial y de servicios, desarrollada en empresas, universidades, centros e institutos de investigación, se requiere constantemente de información sobre invenciones e innovaciones tecnológicas relacionadas con sus procesos y productos. Por ello, las fuentes de información del IMPI que se consultan cotidianamente son numerosas: abarcan desde publicaciones, periódicos, documentos especializados, hasta contactos directos con técnicos, científicos, ingenieros, empresarios, profesionales en un sector productivo determinado, visitas a exposiciones, participación en congresos y tesis académicas, entre otros.

Catálogo de patentes de dominio público

El catálogo de patentes del dominio público en el IMPI, tiene por objeto dar a conocer la tecnología de productos, procesos, y maquinaria o equipo contenida en aquellas patentes que han caducado, de conformidad con el artículo 80 de la Ley de la Propiedad Industrial, por no haber cubierto el pago de sus anualidades. Muchas de esas patentes contienen información actualizada en diversos campos del conocimiento que pueden ser aprovechadas sin el pago correspondiente de regalías a sus titulares.

En el catálogo se ha ordenado la información de acuerdo a la Clasificación Internacional de Patentes, la cual divide el conocimiento tecnológico en 8 secciones que se encuentran subdivididas en Clase, Subclase, Grupo y Subgrupo, que van de lo general a lo particular.

- Carta Patentes A (Necesidades Corrientes de la Vida)
- Carta Patentes B (Técnicas Industriales Diversas; Transporte)
- Carta Patentes C (Química, Metalurgia)
- Carta Patentes D (Textiles; Papel)
- Carta Patentes E (Construcciones fijas)
- Carta Patentes F (Mecánica, Iluminación, Calefacción, Armamento, Voladura)
- Carta Patentes G (Física)
- Carta Patentes H (Electricidad)

El Catálogo de patentes de dominio público se puede consultar en la página del IMPI o través del siguiente link:

> https://www.gob.mx/impi/acciones-y-programas/servicios-que-ofrece-el-impi-informacion-tecnologica-patentes-de-dominio-publico?state=published

Catálogo de Inventores Mexicanos

El propósito del Catálogo de Inventores Mexicanos es dar a conocer el nombre de aquellos personajes, muchas veces incomprendidos, quienes como inventores han contribuido, en mayor o menor medida, al bienestar de la sociedad. Adicionalmente, el catálogo es un testimonio a la creatividad e ingenio de estos mexicanos, siendo sus inventos el resultado del esfuerzo y dedicación para descubrir o hallar la respuesta a sus inquietudes. Entre la información que se presenta está el nombre del inventor, título de la invención, el año en que se otorgó el derecho y se publicó la invención. Se puede tener acceso a este catálogo a través de la página del IMPI o del siguiente link:

> https://www.gob.mx/cms/uploads/attachment/file/9488
> 5/Catalogo_de_Inventores.pdf

El Talento Humano como Activo Intangible

En la actualidad las organizaciones tienden a ser más sencillas, pequeñas y, sobre todo, mucho más flexibles. El trabajo orientado a proyectos es cada vez más frecuente, así como la especialización, las empresas del futuro se basarán en redes de especialistas a quienes contratarán para proyectos muy concretos. Ante esta nueva forma de organización se ha creado un nuevo tipo de trabajador, el trabajador del conocimiento.

Los mercados de capitales valoran cada vez más los activos intangibles, como la marca o el capital intelectual. En la actualidad se puede apreciar que, en la mayor parte de las empresas, principalmente de las involucradas con las Tecnologías de Información y Comunicaciones, su capitalización bursátil es varias veces superior al valor de sus activos, lo que se debe en gran medida a sus activos intangibles. El talento humano y la innovación del personal se ha convertido en uno de los factores críticos y las empresas deben de estimular a sus empleados para que compartan su conocimiento con sus compañeros.

Surge un nuevo "contrato de trabajo", en virtud del cual a los trabajadores no se les juzga ni remunera por el número de horas que pasen en su puesto de trabajo (entre otras cosas porque hoy en día se puede trabajar desde cualquier sitio), sino por su contribución al valor de la empresa. De hecho, van desapareciendo paulatinamente del vocabulario de negocios anglosajón palabras como trabajadores y empleados, que son sustituidas por otras más "políticamente correctas", como el de "asociados". En este mismo sentido, aparecen nuevas formas de remuneración. Se han generalizado, por ejemplo, las opciones sobre acciones, impulsadas por el auge de los mercados de capitales, como eficaz instrumento de motivación y retención del talento.

CAPITULO 3

TENDENCIAS Y DESARROLLO TECNOLÓGICO

3.1 LA TRANSFERENCIA DE TECNOLOGÍA.

La transferencia tecnológica o transferencia de tecnología, es el proceso mediante el cual las organizaciones intercambian tecnología, habilidades y conocimientos entre sí. Estos intercambios permiten a organizaciones con menores recursos acceder a los avances científicos, de forma más fácil y accesible. De esta forma, las transferencias tecnológicas permiten el desarrollo tecnológico de las organizaciones, así como la creación de valor en sus productos y servicios.

Generalmente los organismos que más promueven la transferencia tecnológica son los gobiernos, los centros de investigación y las universidades. Estos, dado que se centran en la investigación, hacen transferencias tecnológicas continuas hacia el sector privado. El cual se aprovecha de todos los avances para continuar su mejora en los productos y servicios ofrecidos. Las transferencias tecnológicas, a su vez, son grandes generadores de competitividad. De ahí que, aquellos países que más capital destinan a investigación, también tienden a ser los más competitivos.

Para Coll (2020), algunos de los principales objetivos de la Transferencia Tecnológica son:

- Generar valor y competitividad en las compañías.
- Promover el continuo desarrollo de las organizaciones.
- Generar conocimiento y nuevos productos y servicios.
- Promover la investigación y el desarrollo de los centros y universidades.
- Generar innovación y valor añadido para el país.
- Atraer inversión al país.
- Generar propiedad intelectual e industrial.

El Observatorio Virtual de Transferencia Tecnológica de la Universidad de Alicante, España (OVTT, 2023), propone un proceso de Transferencia de Tecnología que contempla cinco etapas.

- Etapa 1. Identificación y evaluación tecnológica
- Etapa 2. Protección del conocimiento científico
- Etapa 3. Valoración de la I+D+i
- Etapa 4. Promoción tecnológica y detección de la demanda
- Etapa 5. Negociación tecnológica y firma de acuerdos tecnológicos

A continuación, se describirán cada una de estas etapas:

Etapa 1. Identificación y evaluación tecnológica

Reto: ser capaz de identificar y evaluar tecnologías con potencial para su adaptación a la organización o proyecto de innovación.

La primera etapa del proceso de acceso a la tecnología comienza con la determinación de una necesidad tecnológica. Ésta establece los criterios de la problemática a solventar y nos guía en la búsqueda del conocimiento más adecuado para darle respuesta. Además, su procedencia está determinada por el modelo de gestión de la innovación de la organización y se genera a partir de dos vías principales:

Demandas tecnológicas: la organización identifica aquella necesidad tecnológica que podría ayudarle a resolver su problema tecnológico y emite su búsqueda.

Ofertas tecnológicas: las entidades generadoras de conocimiento ofrecen sus capacidades y tecnologías innovadoras para encontrar organizaciones donde aplicarlas.

Además de conectar estas demandas y ofertas tecnológicas, es importante valorar a partir de la información disponible cuál será el impacto de implementar esa tecnología en la organización, tanto si se desarrolla internamente como si se adquiere fuera. Para ello, además de la inteligencia tecnológica, existen múltiples instrumentos de identificación y evaluación de tecnología.

Principales tipos de herramientas de identificación y evaluación tecnológica:

- Auditoría y diagnósticos tecnológicos.
- Análisis del portafolio tecnológico y matrices de decisión.
- Análisis del nivel de madurez de las tecnologías o TRLs.
- Roadmap tecnológico para la innovación.
- Análisis de mercado.

Etapa 2. Protección del conocimiento científico

Reto: ser capaz de generar activos intangibles de valor, a partir de una óptima protección jurídica y estratégica de los resultados de investigación, para fortalecer después las posibilidades de comercialización de la I+D+i a través de licencias de explotación tecnológica.

La propiedad intelectual e industrial es una etapa crítica en transferencia tecnológica y un elemento esencial para la inteligencia tecnológica. Además de generar activos intangibles entorno al conocimiento científico, su gestión eficaz permite aumentar la capacidad innovadora de las organizaciones y sus ventajas competitivas en el mercado.

Por ello, recomendamos la guía práctica de propiedad intelectual e industrial con todas sus claves para una gestión eficaz.

Etapa 3: Valorización de la I+D+i

Reto: ser capaz de incrementar el valor de las capacidades y resultados de I+D+i y facilitar la comprensión de su utilidad, para que resulten después más atractivos en su diseminación, comunicación y explotación en el mercado.

Esta etapa conlleva la catalogación tecnológica, con la elaboración de las ofertas y demandas tecnológicas. Son documentos que detallan la tecnología innovadora susceptible de ser transferida a otra organización o la necesidad que tiene una organización para solventar un problema tecnológico. Son muchos los modelos que existen para orientar su estructura y contenido, con entidades como la Enterprise Europe Network (EEN), que ofrece en abierto sus plantillas para la elaboración de este tipo de documentos.

Una vez redactadas estas ofertas y demandas tecnológicas, las instituciones generadoras de conocimiento suelen publicarlas en sus catálogos de oferta tecnológica, como por ejemplo InnoUA de la Universidad de Alicante, y difundidas a través de los marketplaces tecnológicos como documento principal del plan de promoción tecnológica.

Además, esta etapa de valorización de la I+D+i conlleva la selección del mecanismo o ruta tecnológica más adecuada para transferir la tecnología al mercado. Las más habituales son:

Principales tipos de rutas tecnológicas:

- Cooperación tecnológica
- Asistencia técnica
- Acuerdos de licencia de propiedad intelectual e industrial.
- Creación de empresas o EBTs
- Movilidad del personal.

Etapa 4: Promoción tecnológica y detección de la demanda

Reto: ser capaz de dar la máxima difusión segmentada a una oferta o demanda tecnológica para detectar potenciales organizaciones interesadas en su explotación comercial.

Una vez elaborada la oferta o demanda tecnológica, es tiempo de diseñar el plan de promoción tecnológica para su máxima difusión. Para ello, muchos tecnólogos aplican técnicas propias del marketing tecnológico a medida, utilizando cada vez más las redes sociales, los eventos y las colaboraciones constantes con colectivos empresariales.

Además, los marketplaces tecnológicos desempeñan un papel crucial en esta etapa de difusión de tecnologías susceptibles de comercialización, así como la labor de intermediación de redes como la Red Europea de Empresas o EEN por sus siglas en inglés de Enterprise Europe Network. También los esfuerzos proactivos son cada vez más importantes, como la búsqueda de empresas para la participación en proyectos colaborativos de I+D+i.

Para ello, la inteligencia tecnológica resulta esencial en esta etapa, especialmente orientada a construir sinergias entre el mundo científico y productivo. Por un lado, la inteligencia tecnológica ayuda a las instituciones de investigación a ajustar su oferta tecnológica a las necesidades del sector productivo; y por otro, permite a las empresas identificar aquellas tecnologías de interés, analizar sus aplicaciones y explorar oportunidades de cooperación y alianzas estratégicas con sus desarrolladores para fortalecer su capacidad de innovación.

Etapa 5: Negociación tecnológica y firma de acuerdos tecnológicos

Reto: alcanzar la aplicación comercial de la tecnología con garantías de rentabilidad económica y social en su acuerdo.

Esta etapa de negociación es una de las más complejas y sensibles en el proceso de transferencia de tecnología y suele estar sujeta a acuerdos de confidencialidad. La información y el poder de negociación son sus elementos de gestión principales, y la inteligencia tecnológica se convierte en la herramienta esencial para contrastar, validar y guiar el proceso de toma de decisiones.

Principales tipos de acuerdos tecnológicos

Este proceso de negociación suele ir orientado al acuerdo tecnológico susceptible de firmarse. Los más comunes son:

- Contratos de I+D+i: generalmente, contratos al amparo del Artículo 83 de la Ley Orgánica de Universidades de España (LOU) para el desarrollo de I+D bajo contrato, asesoramiento, asistencia técnica, etc.

- Convenidos de I+D+i: comunes en cooperación tecnológica con el desarrollo de I+D+i colaborativa a través de proyectos I+D+i regionales, nacionales o internacionales.

- Creación de empresas de base tecnológica a partir de resultados de investigación.

3.2 MEGA TENDENCIAS Y ESTRUCTURAS TECNOLÓGICAS.

A través del tiempo en todas las sociedades han surgido ideas o corrientes que se ponen de moda de manera temporal y se convierten en tendencias. Este fenómeno ocurre en todo tipo de ámbitos, como la tecnología, la forma de vestir o el deporte. Sin embargo, hay algunas modas que no son efímeras, sino que presentan una fuerza singular y se acaban consolidando. Cuando esto ocurre, se consideran como megatendencias.

Las megatendencias son las grandes fuerzas en el desarrollo humano y tecnológico que afectarán el futuro en todas las áreas de la actividad humana, en un horizonte de diez a quince años. Los gobiernos, las instituciones y las empresas las deben tomar en cuenta para diseñar sus objetivos de largo plazo y enfocar sus esfuerzos y recursos (OET, 2012).

Es muy importante el poder analizar éstas megatendencias para poder prever escenarios futuros y actuar en consecuencia, para crear nuevas oportunidades y disminuir riesgos.

Conscientes de la importancia del análisis de las megatendencias, los investigadores del **Instituto Tecnológico y de Estudios Superiores de Monterrey (ITESM)**, trabajaron en el desarrollo del **Observatorio Estratégico Tecnológico (OET)**, el cual es un portal de acceso gratuito que permite al usuario acceder a información muy importante para identificar oportunidades de negocio y el contexto en el que se presentan.

El Observatorio promueve la innovación empresarial e inculca un espíritu de investigación para que cada usuario pueda hacer su propia búsqueda de acuerdo a sus intereses. Sus objetivos son:

- Ayudar al usuario a identificar posibles oportunidades de negocio.

- Brindar una fuente estructurada de información estratégica y tecnológica para los diferentes sectores y empresas.

- Ayudar en la comprensión de las megatendencias sociales y tecnológicas que se visualizan para el futuro y de las oportunidades de negocio que éstas generan.

- Apoyar con información a los diferentes programas que integran la iniciativa emprendedora del Tecnológico de Monterrey.

Puedes acceder al Observatorio Estratégico Tecnológico a través del siguiente link:

https://oet.itesm.mx/portal/page/portal/OET/Publica?p_iPortal=3

De acuerdo al OET (2012), las megatendencias se pueden clasificar en:

- **Megatendencias sociales.** Aquellas que impactan en el comportamiento del ser humano y de la sociedad en su conjunto.

- **Megatendencias tecnológicas.** Son aquellas que se derivan de los avances científicos y tecnológicos.

Ambas megatendencias están íntimamente relacionadas, ya que se interconectan entre sí.

El OET (2012) propone las siguientes Megatendencias Sociales:

1. *Consumidor ecológico.* Personas con estilos de vida saludables, que prefieren productos menos contaminantes, orgánicos y comportamientos respetuosos del medio ambiente.

2. *Educación personalizada, vitalicia y universal.* Servicios educativos más equitativos, más flexibles en su acceso, independientes del tiempo y el espacio, basados en el desarrollo de capacidades para la adaptación.

3. **El mundo: un gran centro comercial.** Incremento en la realización de actividades de compra–venta, a través de dispositivos móviles o computadoras personales, de una manera más ágil y segura, gracias a la evolución de las Tecnologías de Información y las Telecomunicaciones.

4. **Gestión de bienes y gobernanza global.** Cada vez más convergen aspectos culturales, tecnológicos, políticos, económicos, geográficos y demográficos de carácter global en la concepción, generación y consumo de bienes y servicios.

5. **Mercadotecnia personalizada.** Estrategias de marketing dirigidas a extractos muy bien definidos, considerando género, edad, educación, grupo étnico, nivel cultural o intereses particulares, utilizando publicidad personalizada para la venta en línea.

6. **Nueva estructura demográfica y familiar.** La estructura demográfica de los países está cambiando muy rápidamente, las pirámides poblacionales se están invirtiendo, así como el comportamiento en las familias, los roles familiares, miembros de la familia que habitan en otros estados o países incluso, matrimonios de diferentes culturas, etc.

7. **Salud tecnológica.** El cuidado de la salud involucra la utilización de nuevas tecnologías que permitan la prevención, diagnóstico y tratamiento de enfermedades de una forma más eficiente.

8. **Virtualidad cotidiana.** La comunicación e interacción entre los círculos familiares, sociales, del trabajo, educación, el arte, la cultura, entretenimiento y actividades políticas, se llevarán a cabo de manera virtual cada vez más.

Nota: puedes consultar más información al respecto en la página del Observatorio Estratégico Tecnológico: https://oet.itesm.mx/portal/page/portal/OET/Servicios1

Y en el caso de las Megatendencias Tecnológicas el OET (2009) propone las siguientes:

1. **Sistemas Ópticos.** Nuevos métodos y herramientas para detectar, controlar y procesar la luz con aplicaciones definidas en telecomunicaciones, electrónica, computación, comercio, seguridad, industria y medicina, entre otros.

2. *Biotecnología Agrícola.* Utilización de información genética y de bioprocesos para desarrollar productos alimenticios y botánicos con mejores características.

3. **Biotecnología Médica.** Utilización de información genética para modificar organismos vivos y/o componentes para desarrollar o modificar productos farmacológicos que ayuden a mejorar la calidad de vida de las personas.

4. *Computadoras de alto rendimiento.* Computadoras con gran capacidad de procesamiento y almacenamiento, permiten el desarrollo de aplicaciones especiales, permitiendo una mayor calidad de gráficos, audio y video.

5. **Inteligencia Artificial.** La evolución en los sistemas les permite analizar el entorno, aprender, planear, comunicarse e interactuar con el entorno e incluso tomar decisiones.

6. **Materiales inteligentes**. Se desarrollan materiales cuyas propiedades eléctricas, mecánicas, acústicas y cuya estructura, composición y funciones cambian en respuesta a diferentes estímulos.

7. **MEMS (Sistemas micro-eletro-mecánicos).** Hace referencia a máquinas con elementos mecánicos, eléctricos o electrónicos de tamaño micro (1×10^{-6} m) o nano (1×10^{-9} m). Estos dispositivos se utilizan en la Industria Automotriz, Aeroespacial, telecomunicaciones, electrónica, entre otras.

8. **Micro y nanotecnología.** Esta tendencia está muy relacionada con la anterior ya que contempla a los dispositivos de 1×10^{-6} a 1×10^{-9} m, desde materiales nano-estructurados, ingeniería de materiales, electrónica y hasta medicina e ingeniería biomédica.

9. **Nuevas tecnologías energéticas.** Contempla las tecnologías para generación de energía a través de medios alternativos a la utilización de combustibles fósiles, tales como hidráulica, eólica, solar, celdas de hidrógeno o biocombustibles, entre otras.

10. **Realidad mixta.** Hace referencia a tecnologías que permiten la manifestación de la realidad a través de objetos físicos o digitales que coexisten e interactúan en tiempo real; contempla desde la industria de los videojuegos hasta la educación, mediante el desarrollo de hardware, software, dispositivos para la interacción entre el ser humano y la computadora, dispositivos gráficos y comunicación virtual.

11. **Tecnologías inalámbricas.** Contempla a la tecnología para interactuar entre diferentes dispositivos sin utilizar conexiones físicas, que permiten comunicarse cada vez a mayor distancia y velocidad, con un menor costo.

12. **Células, tejidos y órganos artificiales.** Contempla a los Sistemas artificiales que permiten reemplazar, simular o mejorar las funciones de los órganos vitales. Incluye la fabricación de órganos artificiales para su transplante a seres humanos, diseño y cultivo de células, diseño de biomateriales, entre otros.

Nota: puedes consultar más información al respecto en la página del Observatorio Estratégico Tecnológico: https://oet.itesm.mx/portal/page/portal/OET/Servicios1

La Consultora Alemana **Roland Berger** realizó un estudio global donde propone 6 Megatendencias a considerar hasta el 2050, las cuales abarcan factores económicos, cambios sociales, ambientales, tecnológicos y geopolíticos (Roland Berger, 2020).

Megatendencia 1. Gente y Sociedad.

La población mundial crecerá un 18% hasta los 8,4 billones de personas en 2030, lo cual traerá consigo retos y oportunidades. La población de los países en desarrollo crece 6 veces más rápido que en los desarrollados. Aumenta la esperanza de vida y bajan los índices de fertilidad en los países más desarrollados. Así, el grupo de más de 60 años será un grupo de consumo que gana peso. La media de edad en los países desarrollados estará en 43,7 años, mientras en los que están en vías de desarrollo será de 31,4 en 2030.

- **Población.** Las tendencias de la población hacia 2050 apuntan a gran cantidad de cambios en todo el mundo, para continentes y países, sus tasas de crecimiento y estructuras de edad: en 2050, 1.900 millones de personas más habitarán nuestro planeta, lo que sumará un total de 9.700 millones. Nuestra sociedad global será más vieja, con casi 3,2 millones de centenarios para el 2050, pero con enormes diferencias regionales en la mediana de las tasas de edad y de apoyo a la vejez. India será el país más poblado, superando a China alrededor de 2027.

- **Migración.** La migración intra e interregional, en toda su complejidad, está impulsada principalmente por la búsqueda de mejoras económicas. Para las personas desplazadas internamente, su historia es una de escape de conflictos locales, violencia y / o desastres dentro de sus propias fronteras.

- **Valores.** La evolución de las libertades humanas presenta una imagen mixta: el consenso global sobre los valores basados en los derechos humanos y las libertades personales, civiles y económicas cambiará junto con el cambio de poder global.

- **Educación.** En el lado positivo, permanecer en la educación por más tiempo será la norma global y, a juzgar por la curva de PIB per cápita / longitud de logro educativo correlacionada positivamente, a nivel nacional, también vale la pena permanecer en la educación más tiempo.

Megatendencia 2. Salud y Cuidado.

Los aspectos de salud serán un reto a partir de la pandemia, no únicamente en relación a posibles variables del virus, sino también a nuevas afecciones y dar servicio a una población más numerosa y de mayor edad.

- **Pandemias y otras enfermedades.** Somos muy vulnerables a las pandemias; esto está claro a partir del 2020 y, no lo olvidemos, también en las epidemias de principios del siglo XXI: SARS, ZIKA, MERS, Ébola, entre otras. Paralelamente, nos enfrentamos cada vez más al cambio climático como un riesgo para la salud. Ahora y en 2050, el acceso global a la atención médica y la financiación de la misma seguirá siendo muy desigual.

- **Enfermedades y tratamientos.** Las predicciones y expectativas de la tecnología médica y de la salud, incluso con respecto a los avances tecnológicos, son múltiples; no todos se materializarán, pero las terapias celulares y genómicas son algunas de las más prometedoras.

- **Cuidadores.** La tendencia en enfermedades cada vez más relacionadas con la edad, como la demencia, apunta a un fuerte aumento en la necesidad de cuidados intensivos y especiales. Se requiere un número cada vez mayor de cuidadores profesionales para apoyar al creciente número de personas mayores y sus complejas necesidades de cuidado.

Megatendencia 3. Medio ambiente y recursos.

Es imprescindible aumentar las acciones para mitigar el cambio climático global; en el futuro, el acceso al agua, los alimentos y las materias primas representarán problemas críticos para grandes volúmenes de población. Además, la biodiversidad está seriamente comprometida.

- **Cambio climático y contaminación.** Los esfuerzos de mitigación del cambio climático en el período hasta 2050 deben ser intensificados por la comunidad global, y hay un replanteamiento en las cartas con respecto al objetivo actual de mantener el calentamiento global por debajo de 2° C. Más recientemente, 1.5° C se ha considerado más seguro. Esto requerirá cambios rápidos, de gran alcance y sin precedentes en todos los aspectos de la sociedad.

- **Recursos y Materias Primas.** En las trayectorias actuales, se espera que nuestra combinación energética global para 2050 siga estando dominada por los combustibles fósiles. Más allá del CO_2 y otros gases de efecto invernadero, otras formas de contaminación también necesitan una acción proactiva e innovadora: casi 500 millones de personas sufren de pérdida auditiva discapacitante, principalmente relacionada con el trabajo, debido a niveles de ruido excesivos. En el futuro, la demanda de agua crecerá, al igual que la demanda de alimentos: necesitamos más calorías para alimentar a un mundo más poblado, pero también necesitamos desperdiciar menos. Las materias primas enfrentan problemas relacionados con la oferta; China es el principal proveedor de materias primas consideradas críticas.

- **Ecosistemas en riesgo.** A nivel mundial, ya hemos perdido un tercio de las especies terrestres; Para detener esta tendencia, debemos poner a disposición más fondos para las medidas de biodiversidad y para los ecosistemas que están en riesgo, que se estima equivalen al 1% del PIB mundial, anualmente.

Megatendencia 4. Economía y Empresa.

Las cadenas de valor a nivel mundial están sufriendo modificaciones debido a los nuevos bloques de poder. Se crean nuevos procesos de transformación industrial sectorial. La pandemia a acelerado la carga de deuda a nivel mundial.

- **Revisión de la globalización.** A partir de la Crisis Financiera Global de 2008, las tasas de crecimiento global se han reducido casi a la mitad, con las cadenas de suministro globales debilitadas; se ha observado una tendencia hacia una mayor producción nacional.

- **Cambios de poder.** El RCEP (Regional Comprehensive Economic Partnership) o Alianza Integradora Económica Regional, conformado por 15 países asiáticos, está tomando su posición como una fuerza global; esto también destaca las oportunidades futuras para otros bloques de poder establecidos en términos de facilidad de comercio.

- **Transformación sectorial.** En un análisis sectorial, la transformación industrial es el desafío clave. Los principales impulsores son la descarbonización y las nuevas tecnologías en sectores como los servicios públicos y la automoción, entre otros. Para los estados y gobiernos, el aumento de los niveles de deuda nacional, en parte debido al costo de la pandemia de coronavirus, será un desafío.

- **Desafío de la deuda.** Existe una gran incertidumbre sobre cómo la economía global puede desapalancar sin implicaciones adversas significativas para la actividad económica. La próxima década podría traer una respuesta fiscal reflacionaria, en marcado contraste con las medidas de austeridad emprendidas en la década de 2010.

Megatendencia 5: tecnología e innovación

La tecnología y la innovación seguirán siendo clave en los próximos años, la Inteligencia Artificial (IA) continuará incrementando su desarrollo e importancia y por otra parte los valores humanos ocuparán también un lugar primordial.

- **Valor de la tecnología.** Los países desarrollados están impulsando cada vez más a las empresas e instituciones que participan en el desarrollo tecnológico, sin embargo, los países en vías de desarrollo no han podido crear estrategias que fortalezcan el sector tecnológico de una manera efectiva, en caso de no poder mejorar dichas estrategias la brecha que los separa de los países desarrollados continuará incrementándose.

- **Inteligencia artificial.** Particularmente en el campo de la IA, un número cada vez mayor de tecnologías de diferentes ramos se están alineando y / o están saliendo a la luz.

- **Humanos y Máquinas.** Los expertos en inteligencia artificial predicen una progresión casi ilimitada de las capacidades de las tecnologías de inteligencia artificial en todos los ramos. Estos desarrollos enfrentan a los entusiastas de la IA con la preocupación de los partidarios de los valores y pensamiento humano.

Megatendencia 6: Política y Gobernanza.

La polarización del planeta, el surgimiento de nuevas potencias económicas y militares, así como el debilitamiento de la democracia, están planteando nuevos desafíos para la gobernanza global en el futuro, a lo que se añade la preocupación mundial por el medio ambiente.

- **Futuro de la democracia**. La democracia liberal está sufriendo una debacle, ya que han surgido muchas autocracias electorales durante la última década; Los marcadores de libertad de expresión muestran una tendencia a la baja. Las democracias parecen sufrir la fatiga de la población, ya que el estado de ánimo del público indica un aumento de los niveles de insatisfacción. Serán muy importantes los resultados en las urnas en 2024, un año electoral gigantesco en todo el mundo.

- **Gobernanza y geopolítica**. El futuro de la gobernanza global parece estar en un estado de cambio a medida que el juego de poder internacional está conformado por nuevas alianzas y rivalidades geopolíticas.

- **Riesgos Globales**. El fracaso de la gobernanza global es el riesgo geopolítico más probable para la próxima década. En la última década, la perspectiva de riesgo ha cambiado de los riesgos económicos a los ambientales y energéticos.

Por otra parte, la **Revista Forbes** presenta *"Las 10 principales tendencias de consumo"* resultantes de un estudio de la firma de investigación Euromonitor (Arteaga, 2021)

1. Cuidado a la salud y medio ambiente

Cada vez más, los consumidores demandarán empresas que estén comprometidas con la salud y los intereses de la sociedad, no solo en las utilidades que generen sus negocios.

> *"Las empresas deben ayudar a dar una nueva forma al mundo de manera más sostenible, liderando el desplazamiento de una economía centrada en el volumen a una centrada en el valor y un cambio de rumbo hacia la lucha contra las desigualdades sociales y el daño ambiental".*

2. En busca de la convivencia

A pesar de que los canales digitales se utilizan cada vez más para realizar operaciones comerciales, los adultos de mayor edad prefieren el contacto con otras personas y viven una nostalgia por la convivencia del pasado.

"Los negocios con operaciones altamente presenciales o basadas en relaciones personales ahora tienen la oportunidad de probar el autoservicio y las operaciones sin soporte o contacto".

3. Oasis al aire libre

Las personas que radican en las grandes ciudades están buscando cada vez más realizar actividades al aire libre en ambientes rurales. Un gran porcentaje de profesionistas ven en el trabajo virtual una opción viable a largo plazo y buscan conocer y realizar actividades en comunidades con una mejor densidad poblacional.

"La adaptación puede ser complicada y costosa y dependiente del clima, pero las estructuras al aire libre y los sistemas de calefacción e iluminación compensarán la mayor demanda de lugares seguros y estéticos que puedan seguir atrayendo a los consumidores".

4. Realidad "phygital"

El concepto de **Realidad Phygital** es un híbrido entre los mundos físico y virtual en que los consumidores pueden vivir, trabajar, comprar y jugar en persona o en línea.

Las tecnologías de realidad aumentada y de realidad virtual continúan evolucionando y brindando a los consumidores más y mejores experiencias.

Los dispositivos móviles han impulsado en gran medida la tendencia Phygital. Un gran porcentaje de consumidores cuentan con un smarthphone y los negocios físicos y virtuales implementan, cada vez más, dinámicas con QR, menús virtuales, pagos electrónicos y probadores virtuales, con el objetivo de crear experiencias virtuales similares a las reales dentro y fuera de casa.

"Las empresas que brinden experiencias seguras y memorables por medio de diferentes métodos y plataformas desarrollarán clientes leales".

5. Flexibilidad con el tiempo

Los consumidores valoran cada vez más su tiempo y buscan opciones que puedan utilizar en el momento en que lo deseen o necesiten. Cada vez son más demandados los negocios que ofrecen sus productos y/o servicios las 24 horas del día.

"Las empresas deben proporcionar soluciones que apunten al deseo del consumidor de maximizar su tiempo, ofreciéndoles mayor flexibilidad, especialmente con productos y servicios a los que puede acceder desde o cerca de sus casas"

6. Inquietos y rebeldes

Desafortunadamente en la actualidad se sufre una crisis de confianza derivada de la desinformación. Las personas son más escépticas a los gobiernos y políticos, mientras los consumidores más inquietos y rebeldes se han convertidos en compradores por venganza.

"Un marketing más preciso en redes sociales y plataformas de entretenimiento que puedan brindar a los consumidores una voz y presionar a los gigantes sociales a encargarse de la desinformación debe ser el objetivo de las empresas que desean servir a los consumidores de la tendencia Inquietos y Rebeldes".

7. Obsesionados por la seguridad

La pandemia despertó un mayor interés por la limpieza, la salud y la seguridad. Las personas se preocupan más por su salud y buscan productos que les aseguren mayor bienestar.

"Para tranquilizar a sus consumidores, las empresas deben implementar mejores medidas de seguridad e innovaciones que se enfoquen en sus preocupaciones".

8. Resiliencia y bienestar mental

Los consumidores se vieron afectados por la pandemia no solo económicamente, sino también de forma psicológica, lo que les ha llevado a buscar productos y servicios que les brinden mayor estabilidad.

"Los negocios deben proporcionar servicios y productos que apoyen la resiliencia y bienestar mental y ayuden a los consumidores de la tendencia sacudidos y revueltos a capear las circunstancias adversas y aumentar su confianza"

9. Ahorradores reflexivos

En la actualidad los consumidores son muy exigentes y le dan prioridad a los productos que les ofrezcan un mejor precio, mayor valor agregado y beneficios a la salud.

"Las empresas deben contar con propuestas que muestren una buena relación calidad precio, con opciones accesibles que no sacrifiquen la calidad. Los atributos Premium deben ser reforzados con nuevos trasfondos sensibles y tener una fuerte relación con la salud y bienestar, autocuidado y bienestar mental"

10. Nuevos espacios de trabajo

A partir de la pandemia muchas empresas han optado por realizar sus actividades laborales -o por lo menos parte de ellas- desde el hogar. Esta tendencia aunada a las clases virtuales ha redefinido los espacios de trabajo y las formas de consumo desde el hogar.

"Las empresas deben apoyar al balance vida-trabajo y las necesidades de productividad y comunicación. Entender los beneficios y retos de trabajar remotamente permite a las empresas llevar lo mejor de la oficina al hogar"

3.3 VOCACIONES PRODUCTIVAS REGIONALES Y CLÚSTERS.

De acuerdo al Diccionario de la Real Academia Española, **vocación** es la inclinación o interés de una persona para dedicarse a una determinada forma de vida o un determinado trabajo. En este sentido se puede considerar no únicamente para un individuo, sino también para una organización, una comunidad, municipio o región.

En términos generales, el concepto de **vocación económica** hace referencia a las actividades productivas que sobresalen en una región. Considerando que una actividad productiva es cualquier actividad relacionada con la fabricación, el intercambio y el consumo de bienes o servicios e incluso información. Son parte importante de la identidad de una población y contribuyen fuertemente a la economía de ella.

Desde el punto de vista económico, una **vocación productiva** hace referencia a la aptitud, capacidad o característica especial que tiene un municipio o región para el desarrollo de su vocación, se pueden considerar los recursos naturales asociados al territorio, pero también las ventajas comparativas que tienen las entidades e individuos de la región que les permiten producir bienes o servicios con un costo más bajo que el de otras regiones.

Por otra parte, el significado de **vocación productiva** está asociado en algunas ocasiones a una actividad económica latente, cuya existencia en una determinada región no se manifiesta abiertamente, pero que tiene la posibilidad de ser o desplegarse ampliamente en un futuro no muy lejano. Las vocaciones son recursos, capitales o ambos, no utilizados, utilizados parcialmente o mal utilizados, que requieren las condiciones financieras, tecnológicas, infraestructura, etc., para su adecuado desarrollo (MDPyEP, 2018).

Ilustración 23. Regiones Económicas de México.

Fuente: DescargarMapas.net (2023).

Clústers

Los clústeres se definen como grupos de empresas e instituciones enlazadas en un sistema de valor, con determinada concentración geográfica de actividades, que permiten especialización. La coordinación de todas las actividades entrelazadas reduce los costos de transacción, donde la gestión y la articulación de todo ese sistema son la fuente clave de ventajas competitivas. Los clústeres ponen énfasis en la competitividad sistémica apoyada en la especialización geográfica, sin involucrar necesariamente dentro de sus objetivos y funcionamiento la idea de un proyecto de desarrollo integral para el territorio (Goinheix, Rodríguez, Troncoso, Parada, & Gariazzo, 2014).

3.4 ANÁLISIS DE TENDENCIAS

Tendencias

Una tendencia se refiere a una dirección o patrón general de cambio o desarrollo en un determinado ámbito. Puede ser un movimiento, comportamiento o preferencia que muestra una dirección predominante o un cambio en el tiempo.

En términos generales, una tendencia implica una dirección hacia la cual se está moviendo algo. Puede aplicarse a diferentes áreas, como la moda, la tecnología, la cultura, los negocios o incluso los comportamientos sociales. Por ejemplo, en moda, las tendencias se refieren a estilos o estéticas populares que evolucionan con el tiempo y afectan las elecciones de vestimenta y diseño. En tecnología, las tendencias pueden referirse a avances o cambios significativos en los dispositivos electrónicos o las aplicaciones utilizadas.

Las tendencias suelen basarse en la observación de patrones y cambios en el comportamiento, la demanda o las preferencias de las personas. Pueden ser identificadas a través del análisis de datos, la investigación de mercado, la observación de la evolución de la sociedad o la recopilación de opiniones de expertos en un campo determinado.

Es importante tener en cuenta que las tendencias pueden ser temporales y cambiar con el tiempo. Algunas tendencias pueden tener una vida útil corta y desaparecer rápidamente, mientras que otras pueden perdurar y tener un impacto duradero en una industria o en la sociedad en general.

En resumen, una tendencia es un patrón o dirección general de cambio en un determinado ámbito, que refleja una preferencia o comportamiento predominante en un período de tiempo específico.

Análisis de Tendencias

En un mundo cada vez más dinámico y cambiante, comprender las tendencias se ha vuelto esencial para el éxito tanto en los negocios como en otros aspectos de la vida. El análisis de tendencias es una herramienta poderosa que nos permite identificar patrones y proyectar posibles escenarios futuros en diversos campos.

El análisis de tendencias es un proceso sistemático que involucra la recopilación, evaluación e interpretación de datos históricos y actuales para identificar patrones y cambios significativos en una determinada área o industria. Según Smith (2018), *"el análisis de tendencias nos ayuda a comprender las fuerzas subyacentes que impulsan los cambios en nuestra sociedad y economía"*.

Una de las áreas donde el análisis de tendencias es ampliamente utilizado es en el mundo empresarial. Según Jones (2020), *"los ejecutivos y líderes empresariales utilizan el análisis de tendencias para anticiparse a los cambios en la demanda del mercado y adaptar sus estrategias en consecuencia"*. Por ejemplo, en la industria tecnológica, el análisis de tendencias ha permitido a las empresas identificar el auge de la inteligencia artificial y el internet de las cosas, adaptando sus productos y servicios para satisfacer las necesidades emergentes del mercado (Brown, 2019).

Además de los negocios, el análisis de tendencias también se aplica en campos como la salud, la educación y el medio ambiente. En el sector de la salud, por ejemplo, el análisis de tendencias puede ayudar a predecir brotes de enfermedades, identificar patrones de comportamiento en la propagación de virus y planificar estrategias de prevención (García, 2021). En el ámbito educativo, el análisis de tendencias puede brindar información sobre las necesidades futuras de habilidades y conocimientos, lo que permite a las instituciones educativas adaptar sus programas de estudio para satisfacer esas demandas (Martínez, 2017) .

Recapitulando, el análisis de tendencias es una herramienta esencial para comprender el futuro en diversos campos. Nos permite identificar patrones, cambios y posibles escenarios futuros, lo que a su vez facilita la toma de decisiones estratégicas. Ya sea en el mundo empresarial, la salud, la educación o el medio ambiente, el análisis de tendencias nos ayuda a anticiparnos a los cambios y a adaptarnos de manera proactiva. En un mundo en constante evolución, aquellos que sean capaces de comprender y aprovechar las tendencias serán los que lideren el camino hacia un futuro exitoso.

CONCLUSIONES

Enfrentar los retos en materia de ciencia, desarrollo tecnológico e innovación es crucial para el futuro de México y Latinoamérica. A través de la inversión adecuada, la retención y atracción de talento, la colaboración entre academia y sector empresarial, y una educación sólida, los países latinoamericanos podrán superar estos desafíos y aprovechar plenamente su potencial en estas áreas.

Es imperativo que el gobierno, el sector empresarial, las instituciones académicas y la sociedad en general trabajen en conjunto para establecer políticas y estrategias que impulsen la investigación, el desarrollo tecnológico y la innovación. Además, es necesario fomentar una cultura de emprendimiento y promover el espíritu innovador en todas las áreas de la sociedad.

Al superar estos retos, México y el resto de países Latinoamericanos podrán generar conocimiento científico de vanguardia, desarrollar tecnologías disruptivas y promover la innovación en los sectores clave de su economía. Esto no solo contribuirá al crecimiento económico del país, sino que también mejorará la calidad de vida de sus ciudadanos y fortalecerá su posición en el escenario internacional.

En resumen, el camino hacia un México próspero y competitivo requiere un enfoque integral en la ciencia, el desarrollo tecnológico y la innovación. A través de la colaboración, la inversión y el fortalecimiento de la educación y formación especializada, los países Latinoamericanos podrán enfrentar exitosamente estos retos y abrir camino a un futuro prometedor en el campo de la ciencia y la tecnología.

BIBLIOGRAFÍA

AEC. (2019). *Asociación Española para la Calidad.* Obtenido de https://www.aec.es/web/guest/centro-conocimiento/gestion-del-conocimiento

AECA. (2011). *Asociación Española de Contabilidad y Adminsitración de Empresas.* Recuperado el Noviembre de 2011, de http://www.aeca.es/

Andreu, R., & Sieber, S. (1999). La Gestión Integral del Conocimiento y del Aprendizaje. *Economía Industrial*(326), 63-72.

Antún, J., & Ojeda, L. (2004). Benchmarking de procesos logísticos. (UNAM, Ed.) *Revista Ingeniería: Investigación y Tecnología*, 59-76.

Arjona, K. (2014). *Calidad y Tecnología.* Obtenido de https://www.calidadytecnologia.com/2014/05/Gestion-Conocimiento-Mejores-Empresas.html

Arteaga, J. (2021). *Forbes México.* Obtenido de https://www.forbes.com.mx/negocios-10-tendencias-consumidores-empresas-2021/

Barney, J. (1991). Firm Resources and Sustained Competitive Advantage. *Journal of Management*(17), 99-120.

Barney, J. (1997). *Gaining and Sustaining Competitive Advantage.* Addison - Wesley.

Barreto, J., & Petit, E. (2017). Modelos explicativos del proceso de innovación tecnológica en las organizaciones. *Revista Venezolana de Gerencia, 22*(79).

Bierly, P., & Chakrabarti, A. (1996). Generic Knowledge Stategic in the US Pharmaceutical Industry. *Strategic Managment Journal, 17*(número especial de invierno), 123-135.

Bontis, N. (2001). Assessing Knowledge asset: a review of the models used to measure intellectual capital. *International Journal of Management Reviews*, 40-61.

Brooking, A. (1997). *Intellectual Capital Core Asset for Third Millennium Enterprise*. Madrid: Esp.

Brown, A. (2019). Technology Trends: The Rise of Artificial Intelligence and the Internet of Things. *Journal of Technological Advances*, 45-62.

Bueno, E. (enero de 1999). Gestión del Conocimiento, Aprendizaje y Capital Intelectual. *Boletín del Club Intelect*(1).

Castillo, I. (2019). *Lifeder.com*. Obtenido de https://www.lifeder.com/sociedad-del-conocimiento/

CEPAL. (2020). *Biblioguías - Biblioteca de la CEPAL*. Obtenido de https://biblioguias.cepal.org/ProspectivayDesarrollo/Prospectiva

Cervantes, A. (2005). *Competitividad e Internacionalización de las Pequeñas y Medianas Empresas Mexicanas*. Tesis de grado, UNAM, Facultad de Ciencias Políticas y Sociales, Cd. de México.

Choi, B., & Lee, H. (2003). An empirical investigation of KM styles and their effect on corporate performance. *Information & Management*(40), 403-17.

Coll Morales, F. (02 de Febrero de 2020). *Economipedia*. Obtenido de https://economipedia.com/definiciones/transferencia-de-tecnologia.html

Comisión Europea. (1994). *Libro Verde de la Innovación*. Bruselas: Comisión Europea.

Connect Americas. (2016). Guadalajara, el Sillicon Valley Mexicano. *Connect Americas*.

Cordero, A. E., & García, F. (2008). Knowledge Management and Work Teams. *Observatorio Laboral*, 43-64.

CORDIS. (1995). *The Community Research and Development Information Service (CORDIS)*. Recuperado el Abril de 2019, de http://www.cordis.lu/innovation/src/grnpap1.htm

Davenport. (1994). The Coming soon: CKO. *Information Week*.

Davenport, & Prusak. (1998). Working knowledge: How organizations manage what they know. *Harvard Buisness School Press*.

Davenport, & Prusak. (2001). *Conocimiento en acción: como las organizaciones manejan lo que saben*. México: Prentice Hall.

De Cárdenas, C. (2006). El Benchmarking como herramienta de evaluación. *Revista ACIMED*.

Digital Trends. (2019). *Digital Trends*. Obtenido de https://es.digitaltrends.com/tendencias/inventos-naturaleza-biomimetica/

Drucker. (2000). Llega una nueva organización a la empresa en Gestión del Conocimiento. *Harvard Buisness Scholl Press*.

Duarte, J. (2012). *SIGNUMS Consultoría en Imagen Corporativa, Política y Profesional*. Recuperado el Noviembre de 2013, de http://elpoderdetuimagen.blogspot.mx/p/curso-de-imagen-ejecutiva.html

e.news. (2016). *Guadalajara: la segunda ciudad de México es el "Sillicon Valley" de Latinoamerica*. Obtenido de http://emprendedoresnews.com/emprendedores/guadalaj ara-la-segunda-ciudad-de-mexico-es-el-silicon-valley-de-latinoamerica.html

Edvinsson, L., & Malone, M. (1997). Intellectual Capital: realizing your company's trae value by finding its hiding brain power. *New Cork, Harper Business*.

Escobar. (2000). *La Innovación Tecnológica*. Editorial Medisan.

Escorsa, P., & Valls, J. (2005). *Tecnología e innovación en la empresa*. México: Alfaomega.

Espinosa, R. (2018). *RobertoEspinosa*. Obtenido de https://robertoespinosa.es/2017/05/13/benchmarking-que-es-tipos-ejemplos

Espinoza, R. (Febrero de 2010). *DataPrix*. Obtenido de https://www.dataprix.com/es/blog-it/respinosamilla/kms-knowledge-management-system-o-sistemas-gestion-del-conocimiento

European Commission. (2004). *Innovation Management and the knowledge-driven economy*. Brussels, Luxenburgo.

Fernández, E., Montes, J., & Vázquez, C. (Sept. de 1998). Los Recursos Intangibles como Factores de Competitividad de la Empresa. *Dirección y Organización*(22).

Ferrater, J. (2002). *Diccionario de Filosofía*. Barcelona, España: Terricabras.

Fuentes, B. A. (2010). La Gestión de Conocimiento en las Relaciones Académico - Empresariales. Un nuevo enfoque para analizar el impacto del conocimiento académico. *Tésis Phd. Universidad Politécnica de Valencia*. Valencia, España.

García, M. (2021). Trends in Disease Outbreaks: Analyzing Patterns and Predicting Future Epidemics. *Journal of Health Research*, 112-130.

GEINFOR. (S.F.). *GEINFOR*. Obtenido de https://geinfor.com/blog/industria-40/

Goinheix, Rodríguez, Troncoso, Parada, & Gariazzo. (2014). *Mapeo de capacidades territoriales y especialización productiva. Oportunidad de intervención para el desarrollo local con inclusión*. Obtenido de http://www.iecon.ccee.edu.uy/mapeo-de-capacidades-territoriales-y-desarrollo-productivo/publicacion/384/es/

Grant, R. (1998). *Dirección Estratégica. Conceptos, Técnicas y Aplicaciones*. Madrid: Civitas.

Hormigos, J. (2002). *Barataria*. Obtenido de http://dx.doi.org/10.20932/barataria.v0i5.268

Infobae. (2012). ¿Apple se inspira en viejos diseños de Braun? *Infobae*. Obtenido de https://www.infobae.com/2012/09/10/1057809-apple-se-inspira-viejos-disenos-braun/

INNOBASQUE. (2017). *Agencia Vasca de la Innovación.* Obtenido de https://www.innobasque.eus/microsite/cultura-de-la-innovacion/article/7-megatendencias-para-focalizar-las-estrategias-corporativas/

INNOCREATIVIDAD. (23 de Junio de 2016). *INNOCREATIVIDAD.* Obtenido de https://innocreatividad.com/2016/08/09/los-4-pilares-de-una-empresa-creativa-e-innovadora/

Izquierdo, R. (25 de Enero de 2018). *EHORUS.* Obtenido de https://ehorus.com/es/tendencias-laborales/

Jiménez , A. (1999). Las Competencias y el Capital Intelectual: La manera de gestionar personas en la Era del Conocimiento. (Euroforum, Ed.) *Boletin Club Intelec,* 2-5.

Jones, S. (2022). Environmental Trends: Analyzing Climate Patterns for Mitigation and Adaptation Strategies. *Environmental Studies Quarterly,* 135-150.

Keskin, H. (2005). The relationships between explicit and tacit oriented KM strategy and firm performance. *Journal of American Academy of Business, 7*(1), 169-75.

Kline, S. (1985). Innovation is not a linear process. *Research Management,* 36 - 45.

Larousse. (2012). *Larousse.com.* Recuperado el 01 de Julio de 2013, de http://www.larousse.com.mx/

Lee, H., Chag, Y., & Choi, B. (1999). Analysis of effects of knowledge management strategic on corporate performance. *Korea Intelligent Information Journal, 5*(2), 99-120.

López, M. (2019). *Expok News.* Obtenido de https://www.expoknews.com/8-programas-de-rse-mexicanos-que-son-un-benchmark/

Martínez, L. (2017). Future Skills: Identifying Trends in Education to Prepare for the Workforce of Tomorrow. *Journal of Education and Career Development,* 55-70.

MDPyEP. (2018). Atlas de Vocaciones y Potencialidades Productivas de Bolivia. Bolivia. Obtenido de https://siip.produccion.gob.bo/atlas_2017/01-atlas.pdf

Medina Vásquez. (2012). *La prospectiva y la necesidad de un nuevo paradigma de planificación en América Latina.* Cartagena de Indias: CEPAL.

Mena, V. (2017). Hecho en México: productos con inspiración nacional que pagas en cientos de dólares. *UNIVISION.* Obtenido de https://www.univision.com/estilo-de-vida/moda/hecho-en-mexico-productos-con-inspiracion-nacional-que-pagas-en-cientos-de-dolares

Mercado. (11 de Agosto de 2016). Guadalajara: el Silicon Valley Mexicano. *Mercado.* Obtenido de https://mercado.com.ar/empresas-negocios/guadalajara-el-silicon-valley-mexicano/

Miles. (2008). "From futures to foresight: origins of contemporary technology foresight",. *The Handbook on Technology Foresight.*

Miles. (2010). "The development of technology foresight: a review". *Technological Forecasting & Social Change, 77.*

Mitri. (2003). A knowledge management framework for curriculum assessment. *LearnTech Lib.*

Muciño, F. (28 de Marzo de 2014). *Forbes México.* Recuperado el 02 de Mayo de 2019, de https://www.forbes.com.mx/5-puntos-para-fomentar-la-innovacion-en-mexico/

Navas, J., & Guerras, L. (1998). *La Dirección Estratégica de la Empresa. Teoría y Aplicaciones.* Madrid: Civitas.

Nelson, & Winter. (1982). An evolutionary theory of economic change. *Harvard University Press.*

Newell, Tansley, & Huang. (2004). Social capital and knowledge integration in an ERP project team: The importance of briding and bonding. *British Journal of Management,* 43 - 57.

Nonaka , & Takeuchi. (1995). The knowledge-creating company: how Japanese companies. *Oxford University Press*.

Nonaka, & Takeuchi. (1999). La Organización creadora de conocimiento. *Oxford University Press*.

Nuchera, A., León , G., & Pavón, J. (2002). *La gestión de la innovación y la tecnología en las organizaciones.* Madrid: Piramide.

OECD. (1996). *OECD.* Obtenido de Organization for Economic Cooperation and Development: http://www.oecd.org/education/innovation-education/33664172.pdf

OMPI. (Julio de 2021). *Organización Mundial de la Propiedad Intelectual.* Obtenido de https://www.wipo.int/about-wipo/es/

Ordóñez de Pablos, P. (Noviembre de 2002). Direct and Indirect Effects of Intellectual Capital on Organizational Competitive Advantage: Empirical Evidence. *Tranparent Enterprise. The Value of Intangibles*, 22-25.

Pai, D. (2005). Knowledge strategies in Taiwan's design firms. *Journal of American Academic of Business, 7*(2), 73-7.

Pérez, V. (19 de 08 de 2008). *Gestiopolis.* Recuperado el Noviembre de 2011, de http://www.gestiopolis.com/administracion-estrategia/concepto-de-competitividad-empresarial.htm

Peteraf, M. (1993). The Cornerstones of Competitive Advantage: A Resorce-Based View. *Strategic Management Journal*(14), 179-192.

Porter, M. (1990). La Ventaja Competitiva de las Naciones. *Buisness Review*.

Quintana, C. (2020). *OBERLO.* Obtenido de https://www.oberlo.com.mx/blog/que-es-benchmarking

RAE. (2001). *Real Academia Española.* Recuperado el 01 de Julio de 2013, de http://www.rae.es/

Revilla, E. (1993). *Factores Determinantes del Aprendizaje Organizativo. Un Modelo de Desarrollo de Productos.* Valladolid: Club de Calidad de Valadolid.

Rodríguez, D. (2006). Modelos para la creación y gestión del conocimiento: una aproximación teórica. (U. A. Barcelona, Ed.) *Educar*(37), 25 - 39.

Rodríguez, D. (2006). Modelos para la creación y Gestión del Conocimiento: una aproximación teórica. (U. A. Barcelona, Ed.) *Educar*, 25-39.

Rojas, P., Romero, S., & Sepúlveda, S. (2000). Algunos ejemplos de como medir la competitividad. *Serie Cuadernos Técnicos / IICA.* San José, Costa Rica: IICA.

Roland Berger. (2020). *Roland Berger.* Obtenido de https://www.rolandberger.com/en/Insights/Global-Topics/Trend-Compendium/

Sánchez, V. (27 de Junio de 2017). *CONACYT.* Recuperado el Enero de 2019, de http://www.conacytprensa.mx/index.php/sociedad/politica-cientifica/16361-desafios-ciencia-tecnologia-mexicana

Sanz-Magallón, J. (30 de Julio de 2000). *Nueva Revista.* Obtenido de https://www.nuevarevista.net/que-es-la-sociedad-del-conocimiento/

Sarem, M. (1984). A clasification and review of models of the intra firm innovation process. *R & D Management, 14*(10), 11 - 24.

SDIT. (03 de Octubre de 2018). *Sociedad de la Innovación.* Obtenido de https://www.sociedaddelainnovacion.es/caracteristicas-empresas-innovadoras/

Smith, J. (2018). Understanding Social and Economic Changes through Trend Analysis. *Jornal of Social Sciences*, 127-142.

Spendolini, M. (2005). *Benchmarking.* Colombia: Norma.

Suárez, J. (15 de 05 de 2009). *emagister.com.* Recuperado el 22 de 03 de 2013, de mailxmail.com: http://www.emagister.com/curso-contabilidad-practica-1-organizaciones-sociedades-cuentas/organizaciones-empresas-clasificacion-2

UNESCO. (2015). *https://es.unesco.org.* Recuperado el Enero de 2019, de https://es.unesco.org/news/investigacion-es-clave-conseguir-objetivos-del-desarrollo-sostenible-segun-informe-unesco

UNESCO. (2019). *UNESCO.* Obtenido de https://es.unesco.org/node/251182

Ventura , J. (1995). *Análisis Dinámico de la Estrategia Empresarial: Un Ensayo Interdisciplinar.* Oviedo: Universidad de Oviedo.

Wiig, K. (1997). Integrating Intellectual Capital and Knowledge Management. *Long Range Planning, 30*, 399-405.

World Bank. (2007). *Building Knowledge Economies: Advanced strategies for development.* World Bank.

Zúñiga, E. (Mayo de 2017). *Forbes - México.* Recuperado el 02 de Mayo de 2019, de https://www.forbes.com.mx/innovacion-mexico-mas-de-lo-mismo/

www.ingramcontent.com/pod-product-compliance
Lightning Source LLC
Chambersburg PA
CBHW030448290526
45786CB00001B/499